SALLUST

Die Verschwörung des Catilina

ÜBERSETZUNG,
NACHWORT UND ANMERKUNGEN
VON KARL BÜCHNER

PHILIPP RECLAM JUN. STUTTGART

Lateinischer Originaltitel:
C. Sallusti Crispi
Coniuratio Catilinae

Universal-Bibliothek Nr. 889
Alle Rechte vorbehalten. © Philipp Reclam jun. Stuttgart 1967
Gesetzt in Borgis Garamond-Antiqua. Printed in Germany 1976
Herstellung: Reclam Stuttgart
ISBN 3-15-000889-1

1. Alle Menschen, die danach trachten, mehr zu sein als die anderen Lebewesen, sollten mit letzter Kraft danach streben, daß sie ihr Leben nicht in der Stille unbemerkt durchlaufen wie das Vieh, das die Natur gekrümmt und dem Bauche hörig gebildet hat. Alle unsere Kraft indes liegt im Geistigen und im Körper: das Geistige verwenden wir zum Herrschen, den Körper mehr zum Dienen; das eine haben wir mit den Göttern gemein, das andere mit den Tieren. Um so richtiger scheint es mir zu sein, mit den Kräften des Geistes, nicht mit denen körperlicher Stärke Ruhm zu erwerben und, da ja das Leben selbst, das wir genießen, kurz ist, wenigstens das Andenken an uns so dauernd wie möglich zu befestigen. Denn der Ruhm des Reichtums und der Schönheit ist unbeständig und gebrechlich, wirkende Größe ein strahlender und ewiger Besitz.

Indes, lange war unter den Menschen ein großer Streit, ob das Kriegswesen mehr durch Körperkraft oder durch die Leistung des Geistes vorankäme. Denn bevor du beginnst, ist Überlegung, und sobald du überlegt hast, rechtzeitiges Handeln nötig. So bedarf beides, für sich bedürftig, das eine des anderen Hilfe. 2. Nun: zu Anfang übten die Könige – denn dies war auf Erden der erste Name für die Herrschaft – entgegengesetzt ein Teil den Geist, andere den Körper; damals verlief das Leben der Menschen noch ohne Begehrlichkeit; das Eigene gefiel einem jeden zur Genüge. Später aber, als in Asien Kyros, in Griechenland die Lazedämonier und die Athener begannen, Städte und Völkerschaften zu unterwerfen, ihre Herrschsucht zum Kriegsgrund zu nehmen, den höchsten Ruhm in der größten Herrschaft zu sehen, da erst erfuhr man in Gefahr und im Handeln, daß im Kriege am meisten der Geist vermag. Wenn aber die geistige Kraft der Könige und Herrscher im Frieden so stark wie im Kriege wäre, würden die menschlichen Verhältnisse mehr im Gleichgewicht und von größerer Beständigkeit sein, und man könnte nicht sehen, wie das eine dahin strebt, das andere dorthin, noch wie sich alles ändert und durcheinandergerät. Denn Herrschaft wird leicht durch die Eigenschaften festgehalten, durch die sie anfangs gewonnen wurde. Wo aber statt Anstrengung Schlaffheit, statt Selbstbeherrschung und Gleichberechtigung Willkür und Überhebung eingezogen sind, ändert sich zugleich mit den Sitten auch der Zustand. Denn die Herrschaft geht immer gerade von dem weniger Guten auf den jeweils Besten über. Was die Menschen in Ackerbau, Schiffahrt, Baukunst schaffen, alles dies gehorcht der Tüchtigkeit.

Indes, viele aus dem Menschengeschlecht haben, dem Bauch und dem Schlafe ergeben, ungebildet und roh ihr Leben wie Fremdlinge durchlaufen; denen war wirklich wider die Natur der Körper das Vergnügen, die Seele die Last! Deren Leben stelle ich ihrem Tode gleich, da man über beides schweigt. Aber wirklich: der erst scheint mir zu leben und seines Geistes froh zu werden, der durch irgendeine Aufgabe angespannt den Ruhm einer strahlenden Tat oder eines rechten Könnens sucht.

3. Allein, bei der gewaltigen Fülle von Möglichkeiten zeigt die Natur jedem einen anderen Weg. Schön ist es, dem Gemeinwesen Gutes zu leisten;

4

auch gut zu reden ist nicht verkehrt; im Frieden, aber auch im Kriege kann man berühmt werden; sowohl die, welche Taten vollbracht haben, als auch die, welche über die Taten anderer schrieben, haben in großer Zahl Lob geerntet. Und was mich angeht, so scheint es mir, wenn auch keineswegs gleicher Ruhm dem Darsteller und dem Handelnden folgt, doch besonders schwierig, Geschichte zu schreiben. Zum ersten, weil man den Taten mit den Worten gleichkommen muß; dann, weil die meisten, was du als Vergehen tadelst, aus Übelwollen und Neid gesagt glauben, wenn du aber von großem Manneswert und Ruhm der Wackren erzählst, jeder nur, was er für leicht zu tun wähnt, ruhig aufnimmt, was darüber ist, wie Erdichtetes für Lüge hält.

Indes, ich ließ mich anfangs als junger Mann wie die meisten von meiner Begeisterung zum Staatsdienst tragen, und dort ist mir vieles widrig gewesen. Denn anstelle von Anstand, Beherrschung, Tüchtigkeit herrschten Frechheit, Bestechung, Habgier. Wenn ich dies auch, böser Art fremd, abwies, so wurde zwischen so großen Lastern meine ungefestigte Jugend doch vom Ehrgeiz verdorben und darin festgehalten; und wenn ich mich auch von den schlimmen Sitten der übrigen absetzte, so ließ mich doch trotzdem der Ehrgeiz genauso wie die übrigen dieselbe üble Nachrede und denselben Neid erfahren. 4. Sobald also mein Geist nach vielen Widerwärtigkeiten und Gefahren zur Ruhe gefunden und ich beschlossen hatte, mein übriges Leben fern vom Staate zu verbringen, war es nicht meine Absicht, in Trägheit und Schlaffheit die schöne Muße zu vergeuden, aber auch nicht mit der Pflege des Ackers oder mit Jagen, knechtischen Betätigungen, beschäftigt mein Leben zu führen, sondern von welchem

Beginnen und Bestreben mich der üble Ehrgeiz fern-
gehalten hatte, ebendorthin kehrte ich zurück und
setzte mir vor, die Taten des römischen Volkes
stückweis, wie jede des Gedächtnisses wert schien,
zu beschreiben, um so mehr, weil mir der Geist frei
war von Hoffnung, Furcht, Parteileidenschaft.

5. So will ich denn über die Verschwörung des
Catilina so wahrheitsgemäß, wie ich kann, mit
wenigen Worten berichten; denn diese Tat halte
ich insbesondere für denkwürdig wegen der Neu-
artigkeit des Verbrechens und der Gefahr. Über
dieses Menschen Lebensart muß ich erst einiges
wenige erklärend sagen, bevor ich die Darstellung
beginne.

Lucius Catilina, von edler Abkunft, besaß gewaltige Geistes- und Körperkraft, aber ein böses
und verkehrtes Wesen. Ihm waren von früher Jugend an innere Kriege, Mord, Raub, Zwietracht
unter den Bürgern nach seinem Herzen – und darin
übte er auch seine Mannesjahre. Sein Körper war
unempfindlich gegen Hunger, Kälte, Wachen, mehr,
als einem glaublich ist. Sein Geist war verwegen,
hinterhältig, verschlagen, was man wollte, vorheu-
chelnd oder ableugnend, auf Fremdes aus, mit Eige-
nem verschwenderisch, erhitzt in Begierden; Beredsamkeit besaß er zur Genüge, Weisheit zu wenig.
Sein maßloser Geist begehrte stets Unmäßiges, Un-
glaubliches, allzu Hohes. Den hatte nach der Gewaltherrschaft des Lucius Sulla der glühende Wunsch
befallen, sich des Staates zu bemächtigen, und auf
welche Weise er das erreichte, wenn er sich nur selbst
die absolute Macht erwürbe, machte ihm gar nichts
aus. Von Tag zu Tag wurde sein unbändiger Sinn

mehr bedrängt vom Mangel an Vermögen und dem
Bewußtsein seiner Verbrechen, was er beides durch
die Eigenschaften noch gesteigert hatte, die ich eben
dargestellt habe. Ein Antrieb waren außerdem die
verkommenen Sitten des Staates, die zwei der
schlimmsten und sich widersprechenden Übel, Verschwendung und Habsucht, verwüsteten.

Die Sache selbst scheint dazu aufzufordern, da
der Punkt, wo wir stehen, uns an den sittlichen
Zustand des Staates erinnert hat, weiter zurückzu-
greifen und mit wenigen Worten die Einrichtungen
der Vorfahren in Krieg und Frieden, wie sie es mit
dem Staat gehalten und wie gewaltig sie ihn hinter-
lassen haben, wie er sich allmählich änderte und aus
dem schönsten und besten zum schlechtesten und
schändlichsten geworden ist, zu erörtern.
    6. Die Stadt Rom, wie ich wenigstens vernom-
men, haben gegründet und zu Anfang innegehabt
Trojaner, die unter der Führung des Aeneas ge-
flüchtet ohne feste Wohnsitze umherirrten, und mit
ihnen zusammen die Aboriginer, ein unkultiviertes
Geschlecht von Menschen, ohne Gesetze, ohne Herrschaft, frei und ungebunden. Nachdem diese in einem
Mauerring zusammengekommen waren, von unglei-
cher Art, verschiedener Sprache, jeder nach anderen
Gewohnheiten lebend, ist es unglaublich zu berichten, wie leicht sie zusammenwuchsen: so ist in Kürze
ein zerstreuter und nomadisierender Haufen durch
Eintracht zu einem Staat geworden. Indes, nachdem
ihre Macht, an Bürgern, moralischer Tüchtigkeit,
Äckern gemehrt, gar gedeihend und gar blühend
schien, entstand, wie es meist beim Menschengeschlecht geht, Neid aus Reichtum. Also suchten die
benachbarten Könige und Völker sie mit Krieg

heim, wenige von den Freunden kommen zu Hilfe; denn die anderen blieben von Furcht gepackt der Gefahr fern. Aber die Römer sind in Krieg und Frieden angespannt rastlos tätig, rüsten, spornen sich gegenseitig an, treten den Feinden entgegen, schützen Freiheit, Vaterland und Eltern mit den Waffen. Danach, als sie die Gefahren durch ihre Mannhaftigkeit abgeschlagen hatten, brachten sie Bundesgenossen und Freunden Hilfe und schufen sich mehr durch Erweisen als durch Empfangen von Diensten politische Freundschaften. Sie hatten eine gesetzmäßige Regierung, der Name für die Regierung war der Königstitel. Ausgewählte Männer, deren Körper durch die Jahre schwach, deren Geist an Weisheit stark war, standen dem Gemeinwesen beratend bei; diese wurden wegen ihres Alters oder wegen der Ähnlichkeit der Fürsorge Väter geheißen. Danach, als die Königsherrschaft, die anfangs gedient hatte, die Freiheit zu erhalten und den Staat zu mehren, in Überhebung und Gewaltherrschaft umschlug, änderten sie die Weise und schufen sich eine jährlich wechselnde Regierung und zwei Machthaber: auf diese Art, glaubten sie, könne der menschliche Geist am wenigsten durch Schrankenlosigkeit ausarten.

7. Indes, damals begann sich ein jeder mehr hervorzutun, seine Fähigkeiten offener zu entwickeln. Denn den Königen sind die Tüchtigen verdächtiger als die Schlechten, und immer ist ihnen fremder Manneswert ein Schrecken. Unglaublich aber ist es zu berichten, wie gewaltig der Staat nach Erlangung der Freiheit in Kürze emporwuchs. So mächtige Ruhmbegierde hatte ihren Einzug gehalten. Schon gleich die Jugend, sobald sie waffenfähig war, lernte im Lager in Strapazen die Praxis des Kriegs-

dienstes, und sie hatten ihre Lust mehr an schönen
Waffen und Streitrossen als an Dirnen und Gelagen.
Also waren solchen Männern dann die Strapazen
nicht ungewohnt, kein Platz zu rauh oder zu steil,
kein Feind in Waffen schrecklich: Mannhaftigkeit
hatte alles bezwungen. Der größte Wetteifer aber
herrschte zwischen ihnen selbst um den Ruhm: jeder
eiferte, den Feind zu treffen, die Mauer zu erklim-
men, gesehen zu werden, wenn er eine solche Tat
vollbrächte. Das hielten sie für Reichtum, das für
guten Ruf und großen Adel. Nach Lob gierig, waren
sie großzügig mit Geld; Ruhm wollten sie ungeheuren, Reichtum mit Ehren. Ich könnte erzählen,
wo das römische Volk die größten Truppenmassen
der Feinde mit einer kleinen Schar in die Flucht
schlug, welche von Natur befestigten Städte es im
Sturm genommen hat, wenn das uns nicht allzu weit
von unserem Beginnen abziehen würde.

8. Aber wirklich, in allem herrscht das Glück;
alle Dinge macht es berühmt oder verdunkelt es
mehr nach Willkür als aus Gerechtigkeit. Der Athener Taten, wie ich wenigstens urteile, waren schon
recht stattlich und großartig, aber doch bei weitem
geringer als sie ihrem Ruf nach gelten. Aber weil
dort große Darsteller hervortraten, werden über
den Erdkreis hin der Athener Taten als die größten
gefeiert. So gilt die Leistung derjenigen, die sie voll-
brachten, für so groß, wie sie erlauchte Geister in
Worten erheben konnten. Aber das römische Volk
besaß niemals diese Fülle, weil gerade die Klügsten
zugleich auch die Beschäftigtsten waren, niemand
den Geist ohne den Körper übte, gerade die Besten
lieber handeln als reden, lieber die eigenen Taten
von anderen gelobt sehen als selbst die anderer
erzählen wollten.

9. So wurden also daheim und im Kriege gute Sitten gepflegt, es herrschte größte Eintracht, ganz gering war die Habsucht; das Recht und das Gute hatten bei ihnen Kraft weniger durch Gesetze als von Natur. Streit, Zwistigkeiten, Feindschaften fochten sie mit den Feinden aus; die Bürger stritten mit den Bürgern um Manneswert. Beim Opfer für die Götter waren sie prunkliebend, daheim karg, gegen Freunde treu. Durch diese folgenden zwei Eigenschaften, durch Kühnheit im Kriege, sobald Frieden eingetreten war durch Gerechtigkeit, sorgten sie für sich und den Staat. Dafür habe ich als schlagendste Beweise dies, daß man im Kriege öfter gegen die vorging, die wider den Befehl gegen den Feind gekämpft hatten und die zu langsam, obwohl zurückgerufen, aus dem Gefecht gewichen waren, als gegen die, welche gewagt hatten, die Feldzeichen zu verlassen oder geschlagen vom Platze zu weichen; im Frieden aber, daß sie Herrschaft mehr durch Guttaten als durch Furcht ausübten und, hatte man ein Unrecht erlitten, lieber verzeihen als ahnden wollten.

10. Indes, als der Staat durch Anstrengung und Gerechtigkeit gewachsen, gewaltige Könige im Krieg bezwungen, wilde Stämme und ungeheure Völker mit Gewalt unterworfen waren, Karthago, die Rivalin des Römischen Reiches, von Grund auf vernichtet worden war, alle Meere und Länder offenstanden, da begann die Schicksalsgöttin zu wüten und alles durcheinanderzubringen. Leute, die Strapazen, Gefahren, unentschiedene und harte Lagen leicht ertragen hatten, denen wurden die Muße und der Reichtum, sonst wünschenswerte Dinge, zur Last und zum Unglück. Und so wuchs zunächst die Gier nach Geld, dann die nach der Herrschaft; das

war gleichsam der Brennstoff für alles Übel. Denn die Habgier untergrub die Verläßlichkeit, die Rechtschaffenheit und die anderen guten Eigenschaften; statt ihrer lehrte sie Überhebung, Grausamkeit, die Götter zu vernachlässigen, alles feil zu haben. Der Ehrgeiz zwang viele Menschen, falsch zu werden, anderes verschlossen im Herzen als auf der Zunge bereitzuhalten, Freundschaften und Feindschaften nicht nach wirklichem Wert, sondern nach dem Vorteil einzuschätzen, mehr eine anständige Miene als eine anständige Art zu haben. Dies wuchs zunächst allmählich, wurde bisweilen gestraft; darauf, als die Ansteckung wie eine Pest einbrach, änderte sich der Staat, die Herrschaft wurde aus der gerechtesten und besten zu einer grausamen und unerträglichen.

11. Indes plagte zunächst in höherem Grade als die Habsucht der Ehrgeiz die Herzen der Menschen, ein Fehler, der doch wertvoller Art noch näher steht. Denn Ruhm, Ehre, herrschende Stellung wünschen sich der Tüchtige und der Untaugliche in gleicher Weise; aber der erste strebt dahin auf dem richtigen Pfade; weil dem letzten die tüchtigen Gaben fehlen, sucht er mit List und Betrug dahinzugelangen. Die Habsucht eifert nach Geld, wonach es noch keinen Weisen gelüstet hat; wie mit bösen Giften getränkt, macht sie den Sinn des Mannes weibisch, ist immer ohne Maß und unersättlich, und weder durch Fülle noch durch Mangel wird sie gemindert.

Nachdem aber Lucius Sulla mit Waffengewalt den Staat an sich gerissen hatte und nach guten Anfängen ein schlimmes Ende gezeitigt hatte, da rafften alle, schleppten beiseite, der eine wünschte ein Haus, Ackerland der andere, die Sieger kannten weder Maß noch Beherrschung, begingen scheußliche und grausame Taten gegen ihre Mitbürger. Hierzu kam noch, daß Lucius Sulla das Heer, das er in Asien geführt hatte, um es sich dadurch treu zu machen, wider die Art der Vorfahren üppig und allzu großzügig gehalten hatte. Liebliche und genußreiche Gegenden hatten während der Ruhezeit leicht den trotzigen Sinn der Soldaten verweichlicht. Dort gewöhnte sich zum ersten Male das Heer des römischen Volkes an, zu lieben, zu trinken, Statuen, Gemälde, ziselierte Gefäße zu bewundern, sie auf eigene Faust oder offiziell zu rauben, die Heiligtümer zu plündern, Heiliges und Nichtheiliges alles zu besudeln. Nun, diese Soldaten ließen, als sie den Sieg errungen hatten, den Besiegten nichts übrig. Zumal Glück sogar die Herzen von Weisen schwach macht, geschweige denn, daß diese bei ihrer verdorbenen Art ihren Sieg maßvoll ausgenützt hätten.

12. Als Reichtum in Ehren zu stehen begann und ihm Ruhm, Befehlsstellung, Macht folgten, begann die Tugend zu erlahmen, Armut für Schande zu gelten, Lauterkeit als Böswilligkeit genommen zu werden. Also ergriffen die Jugend infolge des Reichtums Ausschweifung und Habgier zusammen mit Hochmut: sie raubten, sie praßten, achteten das Eigene gering, begehrten Fremdes, Anstand, Keuschheit, Göttliches und Menschliches ohne Unterschied, nichts war ihnen wertvoll, und sie kannten keine Grenze. Es lohnt die Mühe, wenn du Paläste und Landhäuser kennengelernt hast, die nach dem Maß ganzer Städte ausgebaut sind, die Tempel der Götter anzusehen, die unsere Vorfahren, die frömmsten der Sterblichen, gebaut haben. Aber jene schmückten die Heiligtümer der Götter mit Frömmigkeit, ihre Häuser mit Ruhm und raubten den Besiegten nichts, außer der Möglichkeit, Unrecht zu tun. Aber diese dagegen, diese Lotterbuben, nehmen auf höchst ver-

brecherische Weise den Bundesgenossen alles das, was die tapfersten Männer als Sieger ihnen gelassen hatten; als ob Unrecht tun, das erst hieße: Herrschaft ausüben.

13. Denn was soll ich das erzählen, was nur denen, die es mit eigenen Augen gesehen haben, glaubwürdig ist, daß von manchen Privatleuten Berge umgestürzt, Meere mit Bauten bedeckt worden sind? Die scheinen mir mit dem Reichtum ihren Spott getrieben zu haben; was sie auf anständige Art hätten besitzen können, beeilten sie sich, häßlich zu mißbrauchen. Aber die Lust an Unzucht, Schlemmerei und dem übrigen Luxus war in nicht geringerem Maße eingerissen: Männer gaben sich als Frauen hin, die Frauen hielten ihre Keuschheit offen feil, des Essens wegen durchforschten sie über Land und Meer hin alles genau, schliefen, bevor das Bedürfnis nach Schlaf da war, warteten nicht Hunger oder Durst, weder Kälte noch Ermattung ab, sondern nahmen das alles in ihrer Schwelgerei vorweg. Das alles reizte die Jugend, wenn das väterliche Vermögen ausging, zu Schandtaten an. Ein Geist, der einmal von bösen Eigenschaften vergiftet war, konnte nicht leicht von seinen Süchten lassen; um so hemmungsloser war er dann auf jede Weise dem Erwerb hingegeben und dem Aufwand.

14. In einer so großen und so verderbten Gemeinschaft hatte Catilina, etwas, was zu tun sehr leicht war, Scharen von Schandtaten und Verbrechen aller Art wie eine Leibwache um sich. Denn jeder Lüstling, Verführer, Schlemmer, der mit Vergeuden, Bauchfüllen und Huren das väterliche Gut wie eine Bestie zerfetzt hatte, jeder, der große Schulden hatte auflaufen lassen, um damit ein Verbrechen oder

13

eine Schandtat abzukaufen, zudem alle Mörder aus
aller Welt, Tempelschänder, vor Gericht Verurteilte
oder Leute, die für ihre Taten den Prozeß fürch-
teten, hierzu Leute, denen Hand und Zunge durch
Meineid oder Bürgerblut den Unterhalt gaben,
schließlich alle, die eine Schandtat, Armut, das Bewußtsein einer Schuld quälte, das waren Catilina
die Nächsten und seine vertrauten Freunde. Wenn
aber auch einmal einer, ohne von Schuld beladen
zu sein, unter seine Freunde geraten war, so wurde
er durch den täglichen Verkehr und seine Verfüh-
rungen gar leicht gleich und den übrigen ähnlich.
Am meisten indes suchte er enge Freundschaft mit
jungen Leuten; deren noch weichen und ungefestig-
ten Charakter konnte man ohne Schwierigkeiten
mit List umstricken. Denn wie die Leidenschaft
eines jeden dem Alter entsprechend entbrannt war,
so gab er den einen Dirnen, anderen kaufte er
Hunde und Pferde; schließlich sparte er überhaupt
nicht mit Aufwand und seinem Ansehen, wenn er
sich nur jene verpflichtete und treu ergeben machte.
Ich weiß, es gab welche, die so urteilten, daß die
Jugend, die im Haus Catilinas verkehrte, es mit
ihrer Keuschheit nicht so genau genommen hätte;
aber dies Gerücht hielt sich mehr aus anderen Gründen, als daß es jemand in sichere Erfahrung gebracht
hätte.

15. Schon gleich in früher Jugend hatte Catilina
viele ruchlose Verhältnisse gehabt, mit einem Mädchen von Adel, mit einer Priesterin der Vesta, andere dieser Art wider menschliches und göttliches
Recht. Zuletzt wurde er von Liebe zu Aurelia Orestilla erfaßt, an der kein anständiger Mensch je außer
ihrer Schönheit etwas Lobenswertes fand; weil diese
aus Furcht vor einem Stiefsohn in schon erwachse-

nem Alter Bedenken trug, ihn zu heiraten, hat er –
das glaubt man allgemein als sicher – durch die Ermordung dieses Sohnes das Haus für diese ruchlose
Ehe frei gemacht. Diese Sache nun scheint mir insbesondere der Grund gewesen zu sein, die Untat zu
beschleunigen. Denn sein sündiges Herz, Göttern
und Menschen feind, konnte weder im Wachen noch
beim Ruhen Frieden finden: so zerstörte sein Gewissen seinen aufgebrachten Sinn. So war seine
Farbe blutleer, die Augen scheußlich entstellt, hastig
bald, bald schleppend sein Schritt, kurz: in Aussehen und Ausdruck saß der Wahnsinn.

16. Indes, die Jugend, die er, wie oben ausgeführt, verlockt hatte, lehrte er auf mannigfache
Weise schlimme Taten. Aus ihren Reihen stellte er
falsche Zeugen und Urkundenfälscher; Treue, Vermögen, Gefahren hieß er für unwichtig halten; danach, wenn er ihren Ruf und ihre Anständigkeit
zerrüttet, befahl er anderes Größeres. Wenn ein
Grund für ein Vergehen augenblicklich nicht recht
zur Verfügung stand, brachte er um nichts weniger
Unschuldige als Schuldige zu Fall und ging ihnen an
den Hals; ganz natürlich: auf daß Hände und Herz
infolge der Untätigkeit nicht erstarrten, war er lieber um nichts und wieder nichts böse und grausam.

Im Vertrauen auf diese Freunde und diesen Anhang, zugleich weil seine Schulden über alle Länder
hin ungeheuer waren und die meisten der sullanischen Soldaten, nachdem sie allzu verschwenderisch
das Ihre verbraucht hatten, in Erinnerung an ihre
Räubereien und ihren alten Sieg einen Bürgerkrieg
wünschten, faßte Catilina den Plan, den Staat in
seine Gewalt zu bringen. In Italien war kein Heer,
Gnaeus Pompeius führte am Ende der Welt Krieg,
er selbst hatte bei seiner Bewerbung ums Konsulat

große Hoffnung, der Senat war wirklich alles andere als auf dem Posten: sicher und ruhig war die ganze Lage. Aber das war Catilina gerade günstig.

17. Also wendet er sich ungefähr um den 1. Juni herum unter dem Konsulat des Lucius Caesar und des Gaius Figulus zuerst an einzelne; ermutigt die einen, die anderen prüft er; er weist auf seine Macht hin, darauf daß der Staat unvorbereitet ist, auf die großen Gewinne einer Verschwörung. Sobald er zur Genüge erforscht hatte, was er wollte, ruft er an einem Ort alle zusammen, deren Notlage am drückendsten war und die die meiste Kühnheit besaßen. Dort trafen sich vom Senatorenstand Publius Lentulus Sura, Publius Autronius, Lucius Cassius Longinus, Gaius Cethegus, Publius und Servius Sulla, die Söhne des Servius, Lucius Vargunteius, Quintus Annius, Marcus Porcius Laeca, Lucius Bestia, Quintus Curius; zudem aus dem Ritterstande Marcus Fulvius Nobilior, Lucius Statilius, Publius Gabinius Capito, Gaius Cornelius; hierzu viele aus den Kolonien und den Landstädten, die daheim zum Adel gehörten. Es hatten daran Männer aus der Nobilität – etwas im Hintergrunde – Anteil, die mehr die Hoffnung auf eine Gewaltherrschaft reizte als Not oder eine andere Zwangslage. Übrigens war der größte Teil der Jugend, aber besonders die des Adels, dem Beginnen Catilinas gewogen; Leute, die reiche Möglichkeiten hatten, in Ruhe prunkvoll oder gemütlich zu leben, wollten lieber statt Sicherem Ungewisses, lieber Krieg als Frieden. Es gab damals ebenso Leute, die glaubten, Marcus Licinius Crassus habe wohl von diesem Komplott gewußt; weil Gnaeus Pompeius, ihm persönlich verhaßt, an der Spitze eines großen Heeres stand, habe er gewollt, daß die Mittel gleichgültig wessen gegen seine

Macht anwüchsen, zugleich im Vertrauen, wenn die Verschwörung sich durchsetze, werde er leicht bei ihnen die Führerstellung bekommen.

18. Indes waren schon vorher einige wenige ebenso eine Verschwörung gegen den Staat eingegangen, unter ihnen Catilina. Über diese will ich berichten, so wahrhaft wie ich kann. Unter dem Konsulat des Lucius Tullus und Manius Lepidus waren die fürs nächste Jahr bestimmten Konsuln Publius Autronius und Publius Sulla wegen Wahlbetrugs vor Gericht belangt und bestraft worden. Wenig später wurde Catilina wegen Erpressungen angeklagt und war gehindert worden, sich um das Konsulat zu bewerben, weil er innerhalb der gesetzlichen Frist sich nicht hatte melden können. Es gab da zu eben der Zeit einen Gnaeus Piso, einen jungen Mann aus dem Adel, von höchster Verwegenheit, mittellos, einen Intriganten, dem die Not und ein übler Charakter Antrieb waren, den Staat in Unordnung zu bringen. Diesem teilten Catilina und Autronius um den 5. Dezember den Plan mit und bereiteten eine Ermordung der Konsuln Lucius Cotta und Lucius Torquatus am 1. Januar auf dem Kapitol vor. Selbst wollten sie die Rutenbündel an sich reißen und Piso mit einem Heere zur Besetzung der beiden Spanien entsenden. Als das bekannt wurde, verschoben sie den Plan der Ermordung wieder auf den 5. Februar. Schon damals sannen sie nicht nur den Konsuln, sondern auch den meisten Senatoren Verderben. Wenn aber Catilina sich nicht zu sehr beeilt hätte, vor dem Rathaus seinem Anhang das Zeichen zu geben, so wäre an diesem Tage die größte Untat seit Gründung der Stadt begangen worden. Weil die Bewaffneten noch nicht in großer

Zahl zusammengekommen waren, so vereitelte dieser Umstand den Plan. 19. Danach wurde Piso in das diesseitige Spanien als Quästor in der Stellung eines Prätors geschickt auf Betreiben des Crassus, weil er ihn als einen erbitterten Gegner des Gnaeus Pompeius kennengelernt hatte. Doch hatte ihm der Senat die Provinz nicht widerwillig gegeben; wollte er doch, daß dieser üble Mensch weit weg vom Gemeinwesen sei, zugleich sahen ja auch mehrere Gutgesinnte einen Schutz in ihm und war ja auch schon damals die Macht des Pompeius schreckenerregend. Aber dieser Piso ist in der Provinz von spanischen Reitern, die er im Heer unter seinem Befehl hatte, während des Marsches getötet worden. Manche sagen so: die Fremden hätten seine ungerechten, überheblichen, grausamen Befehle nicht ertragen können; andere hinwiederum, jene Reiter, alte und treue Gefolgschaftsleute des Gnaeus Pompeius, hätten mit seinem Willen Piso angegriffen; niemals hätten die Spanier sonst noch eine solche Untat begangen, aber grausame Herrschaft hätten sie vielfach vordem erduldet. Wir lassen diese Sache auf sich beruhen. Über die frühere Verschwörung ist damit genug gesagt.

20. Sowie Catilina sah, daß die, welche ich eben vorher erwähnte, zusammengekommen waren, glaubte er, wenn er auch mit ihnen einzeln vieles oft verhandelt hatte, es werde doch zuträglich sein, sie insgesamt anzureden und zu begeistern, zieht sich in einen abgelegenen Teil des Gebäudes zurück und hielt dort, nachdem alle Zeugen weit entfernt worden waren, eine Rede folgender Art:

„Wären eure Tüchtigkeit und Verläßlichkeit mir nicht erprobt, wäre umsonst eine so günstige Gelegenheit gekommen. Eine große Hoffnung, die

Macht fast schon greifbar nahe, alles wäre vergebens gewesen. Und auch ich würde nicht mit Feigheit und Hohlköpfen nach Unsicherem statt Sicherem greifen. Weil ich euch aber in vielen großen Augenblicken als tapfer und mir treu erfunden habe, deshalb hat mein Herz es gewagt, die größte und schönste Tat in Angriff zu nehmen; zugleich weil ich sah, daß für euch genau dasselbe Heil und Unheil bedeutet wie für mich; denn dasselbe wollen und dasselbe nicht wollen, das erst ist feste Freundschaft. Indes, was ich in meinem Sinne gedacht habe, habt ihr alle schon vordem getrennt gehört. Im übrigen erhitzt sich mein Gemüt von Tag zu Tag mehr, wenn ich bedenke, unter welchen Bedingungen wir leben werden, wenn wir uns nicht selbst freimachen. Denn seit der Staat unter das Recht und die Botmäßigkeit einiger weniger Mächtiger gekommen ist, sind Könige und Fürsten immer jenen Leuten abgabenpflichtig; ihnen zahlen Völker und Stämme Steuern; wir übrigen alle, wackere, tüchtige, adlige und nicht adlige, wir sind bis jetzt Masse gewesen, ohne Einfluß, ohne Ansehen, denen ausgeliefert, denen wir, könnte man noch von einem Gemeinwesen sprechen, ein Schrecken wären. Daher ist aller Einfluß, alle Macht, alle Ehre, aller Reichtum bei jenen oder dort, wo jene wollen; uns ließen sie die Gefahren, Abweisungen, Prozesse, Armut. Wie lange wollt ihr denn das mit ansehen, ihr Helden? Ist es nicht besser, tapfer zu sterben, als ein elendes und schändliches Leben, wenn du ein Spielball fremden Übermutes geworden bist, schmachvoll zu verlieren?

Aber, bei allem worauf Verlaß unter Göttern und Menschen, der Sieg ist ja in unserer Hand, jugendkräftig unser Alter, stark der Geist; hingegen ist bei jenen durch die Jahre und den Reichtum alles vergreist. Nur anfangen muß man, alles andere läuft von selbst. Denn wer unter den Menschen, der einen männlichen Sinn hat, kann es ertragen, daß diese Leute Reichtümer in Fülle haben, derart daß sie sie verschwenden, das Meer auszufüllen und die Berge einzuebnen, uns aber das Vermögen auch zum Nötigsten fehlt? Daß sie zwei und mehr Paläste aneinanderbauen, wir nirgends auch nur ein Dach über dem Kopfe haben? Wenn sie Gemälde, Statuen, getriebene Arbeiten kaufen, Neubauten einreißen, anderes bauen, schließlich überhaupt auf jegliche Weise mit ihrem Gelde wüsten, es verschleudern, können sie dennoch nicht, auch nicht bei letzter Befriedigung aller Gelüste, ihres Reichtums Herr werden. Dagegen haben wir zu Hause Mangel, draußen Schulden; schlimm ist die Lage, die Aussichten noch viel trüber. Kurz, was haben wir denn noch außer dem elenden Leben? Warum also erwacht ihr nicht? Da ist sie, sie, die ihr oft gewünscht, die Freiheit, außerdem Reichtum, Ansehen, Ruhm, sie liegen vor Augen. Die Glücksgöttin hat das alles den Siegern als Preis ausgesetzt. Die Lage, der Zeitpunkt, die Gefahren, die Not, die großartige Beute des Krieges feuern euch mehr an als meine Rede. Braucht mich als Führer oder als Gemeinen: weder mein Geist noch mein Körper wird euch fehlen. Eben dies, wie ich hoffe, werde ich zusammen mit euch als Konsul betreiben, es müßte denn sein, daß mich mein Sinn täuscht und ihr lieber Knechte zu sein als zu herrschen bereit seid."

21. Nachdem das die Männer vernommen hatten, die alles Übel im Überfluß besaßen, aber nichts Gutes noch eine gute Aussicht, forderten, wenn es ihnen auch schon ein großer Gewinn schien, den Ruhezustand in Bewegung zu bringen, doch die meisten,

er solle darlegen, wie die Bedingungen des Krieges
seien, was sie für Lohn mit ihren Waffen errängen,
was sie überall an Hilfe oder Hoffnung besäßen.
Da versprach Catilina Schuldentilgung, Enteignung
der Besitzenden, Posten, Priesterämter, Plündern,
alles andere noch, was der Krieg und die Willkür
der Sieger mit sich bringt; außerdem seien im diesseitigen Spanien Piso, in Mauretanien mit einem
Heer Publius Sittius aus Nuceria, die an seinem Plane
teilnähmen; ums Konsulat bewerbe sich Gaius Antonius, sein zukünftiger Kollege, wie er hoffe, sein
Freund und durch alle Nöte bedrängt; mit dem
hoffe er als Konsul den Beginn des Handelns zu
geben. Zudem fuhr er mit Schmähungen gegen alle
Anständigen los, von den Seinen rühmte er einen
jeden, ihn mit Namen nennend. Er erinnerte den
einen an seine Armut, den andern an seine Leidenschaft, mehrere an ihre Gefahr oder Schande, viele
an Sullas Sieg, wem er Beute gebracht hatte. Dann,
als er aller Sinn erregt sah, mahnte er sie noch, sie
sollten sich seine Bewerbung angelegen sein lassen,
und entließ die Versammlung.

22. Es gab dazumal Leute, die sagten, Catilina
habe nach der Rede, als er die Genossen seines Verbrechens zum Schwur trieb, Menschenblut mit Wein
vermischt in Schalen umhergetragen. Danach, als
alle nach der Verfluchung davon getrunken hätten,
wie es bei feierlichem Opfer zu geschehen pflegt,
habe er seinen Plan enthüllt, und er habe das deshalb so gemacht, daß sie um so treuer untereinander
wären, wenn der eine des anderen Mitwisser bei
einem schweren Verbrechen wäre. Manche meinten,
dies wie vieles außerdem sei von denen erfunden
worden, die glaubten, der Haß gegen Cicero, der
nachmals entstand, werde gemildert durch die Gräß-

21

lichkeit des Verbrechens derjenigen, die bestraft worden waren. Für uns ist die Sache bei ihrer Bedeutung zu wenig erwiesen.

23. Allein, bei dieser Verschwörung befand sich auch Quintus Curius, ein Mann von nicht geringer Herkunft, mit Schandtaten und Verbrechen beladen, den die Zensoren wegen seines schändlichen Lebenswandels aus dem Senat gestoßen hatten. Dieser Mensch besaß ebensoviel Leichtsinn wie Verwegenheit. Er machte sich nichts daraus, weder etwas zu verschweigen, was er gehört hatte, noch seine eigenen Verbrechen zu verheimlichen, kurz: weder etwas zu sagen noch zu tun. Er hatte mit Fulvia, einer Frau aus dem Adel, ein altes ehebrecherisches Verhältnis. Als er ihr minder genehm war, weil er seiner Armut wegen weniger reichlich schenken konnte, begann er plötzlich, sich zu brüsten, Meere und Berge zu versprechen und ab und an mit dem Schwert zu drohen, wenn sie ihm nicht willfährig sei, schließlich sich wilder zu gebärden als gewöhnlich. Fulvia aber hielt, als sie den Grund für des Curius ungewöhnliches Betragen erfahren hatte, diese so große Gefahr für den Staat nicht verborgen, sondern erzählte ohne Namensnennung mehreren von der Verschwörung Catilinas, was und wie sie es gehört hatte.

Dieser Umstand insbesondere verstärkte die Neigung der Menschen, das Konsulat dem Marcus Tullius Cicero zu übertragen. Denn vordem kochte der größte Teil des Adels vor Neid, und sie glaubten, das Konsulat werde gleichsam besudelt, wenn es ein „neuer Mann", mochte er noch so hervorragend sein, erhalte. Als aber die Gefahr kam, da standen Neid und Überhebung hintenan.

24. So werden am Wahltag zu Konsuln erklärt Marcus Tullius und Gaius Antonius. Diese Tatsache

hatte zuerst die Genossen der Verschwörung erschüttert. Dennoch wurde dadurch Catilinas Wüten nicht gemindert, sondern er war von Tag zu Tag nur noch rastloser tätig: er bereitete Waffen an geeigneten Plätzen in ganz Italien vor, Geld, das er auf seinen oder seiner Freunde Namen geborgt hatte, brachte er nach Faesulae zu einem gewissen Manlius, der nachmals zuerst den Krieg begann. Damals soll er sich sehr viele Menschen aller Art verbunden haben, auch ziemlich viel Frauen, die zunächst ihre ungeheuren Aufwendungen durch Preisgabe ihres Körpers bestritten, darauf, als ihr Alter nur ihrem Erwerb, aber nicht ihrer Verschwendung ein Ende setzte, eine gewaltige Schuldenmasse zusammengebracht hatten. Durch sie glaubte Catilina die hauptstädtischen Sklavenmassen aufwiegeln, die Stadt anzünden, ihre Männer auf seine Seite ziehen oder umbringen zu können.

25. Unter ihnen aber befand sich Sempronia, die gar manche Untat von männlicher Verwegenheit begangen hatte. Diese Frau war in Herkunft und Schönheit, dazu in Mann und Kindern recht vom Glück begünstigt, war in griechischer und lateinischer Bildung unterrichtet, spielte Zither, tanzte besser, als es für eine anständige Frau nötig ist, besaß vieles noch, was Mittel des Wohllebens sind. Ihr aber war immer alles andere wertvoller als ihr Ansehen und ihre Keuschheit; ob sie ihr Geld oder ihren Ruf weniger schonte, hätte man nicht leicht entscheiden können; ihre Sinnlichkeit war so entzündet, daß sie häufiger selber die Männer aufsuchte als aufgesucht wurde. Sie hatte vordem zu vielen Malen ihr Wort gebrochen, Schulden abgeschworen, von Mord gewußt und war durch Verschwendung und Mittellosigkeit in den Abgrund geraten. Aber ihre Gaben

waren nicht verkehrt: sie konnte Verse machen, scherzen, sich bald zurückhaltend, bald sanft, bald frech unterhalten; kurz: sie besaß viel Witz und viel Anmut.

26. Ungeachtet dieser Vorbereitungen bewarb sich Catilina trotzdem für das nächste Jahr ums Konsulat, in der Hoffnung, wenn er fürs nächste Jahr bestimmt sei, werde er Antonius leicht nach seinem Willen lenken. Aber auch unterdes war er nicht untätig, sondern stellte Cicero auf jegliche Weise Fallen. Doch auch dem fehlten nicht List und Schlauheit, um auf der Hut zu sein. Denn vom Beginn seines Konsulates an hatte er es durch viele Versprechungen mit Hilfe der Fulvia erreicht, daß Quintus Curius, von dem ich wenig vorher gesprochen, ihm die Pläne Catilinas verriet. Zudem hatte er seinen Kollegen Antonius durch Zugeständnisse in Fragen der Provinzverteilung dazu gebracht, daß er nichts gegen das Gemeinwesen aussinne. Um sich hatte er heimlich Schutzwachen aus Freunden und Abhängigen. Nachdem der Wahltag gekommen war und Catilina weder mit seiner Bewerbung noch mit den Anschlägen, die er gegen die Konsuln auf dem Marsfelde unternommen hatte, Erfolg gehabt hatte, beschloß er, zum Kriege zu schreiten und alles, auch das letzte Mittel, zu erproben, zumal, was er heimlich versucht hatte, erfolglos und schmählich verlaufen war.

27. Demnach schickte er den Gaius Manlius nach Faesulae und dem entsprechenden Teil Etruriens, einen gewissen Septimius aus Camerinum ins Picenerland, Gaius Julius nach Apulien, außerdem andere nach anderen Gegenden, wie er glaubte, daß sie ihm an der jeweiligen Stelle von Nutzen sein könnten.

Unterdes betreibt er in Rom vieles zu gleicher Zeit: den Konsuln legte er Fallen, bereitete Brandstiftungen vor, besetzte günstige Stellen mit bewaffneten Männern; er selbst trägt die Waffe, heißt es ebenso andere tun, mahnt sie, sie sollten immer in Spannung und Bereitschaft sein. Tag und Nacht ist er rastlos tätig, wacht, läßt sich durch Schlaflosigkeit und Strapazen nicht ermatten. Zuletzt, als ihm trotz vielem Geschäftigsein nichts vorangeht, ruft er wiederum in tiefster Nacht die Führer der Verschwörung durch Marcus Porcius Laeca zusammen, und nachdem er dort lange Klagen über ihre Energielosigkeit geführt, verkündet er, daß er Manlius zu der Menge vorausgeschickt habe, die er für die Waffenergreifung vorbereitet hatte, desgleichen andere an andere Orte, die den Beginn des Krieges einleiten sollten, und daß er zum Heere aufzubrechen wünsche, wenn er zuvor Cicero überwältigt habe: der tue seinen Plänen gewaltigen Abbruch. 28. Da versprach, während die übrigen erschrocken zaudern, der römische Ritter Gaius Cornelius seine Hilfe und mit ihm zusammen der Senator Lucius Vargunteius, und sie beschlossen, in derselben Nacht wenig später mit bewaffneten Leuten, wie um die Aufwartung zu machen, bei Cicero einzutreten und den Ahnungslosen unversehens im eigenen Hause zu durchbohren. Als Curius merkte, welch große Gefahr dem Konsul drohe, läßt er eilends durch Fulvia Cicero den heimtückischen Anschlag, der vorbereitet wurde, melden. So wurden jene schon nicht an die Tür gelassen und hatten ein so ungeheueres Verbrechen vergeblich auf sich genommen.

Unterdes wiegelte Manlius in Etrurien die Massen auf, die aus Armut zugleich und Schmerz über ihr erlittenes Unrecht auf Umsturz begierig waren, weil sie unter der Gewaltherrschaft Sullas ihre Äcker und allen Besitz verloren hatten, außerdem Banditen jeder Art, deren es in dieser Gegend eine große Fülle gab, dazu manche aus Sullas Kolonien, denen Üppigkeit und Verschwendung von ihrem großen Raub nichts übriggelassen hatten.

29. Als das Cicero gemeldet wurde, war er ob des doppelten Unheils beunruhigt, weil er einesteils die Stadt vor Anschlägen nicht länger durch private Initiative schützen konnte, andrerseits nicht recht hatte in Erfahrung bringen können, wie groß das Heer des Manlius sei und welche Absichten er habe, und bringt die Sache vor den Senat, nachdem sie schon vorher im Gerede der Masse aufgeregt erörtert worden war. So beschloß der Senat, was er meistens in furchtbarer Lage zu tun pflegt, die Konsuln möchten sich bemühen, daß der Staat keinen Schaden nehme. Diese Macht wird nach römischer Sitte durch den Senat einem Beamten als größte übertragen: ein Heer zu rüsten, Krieg zu führen, auf jegliche Weise Bundesgenossen und Bürger zum Gehorsam zu zwingen, daheim und im Felde die höchste Befehlsgewalt und das höchste Richteramt auszuüben: sonst hat ohne des Volkes Geheiß der Konsul kein Recht auf eine dieser Vollmachten.

30. Wenige Tage darauf las der Senator Lucius Saenius im Senat einen Brief vor, der ihm nach seinen Worten aus Faesulae gebracht war und in dem stand, Gaius Manlius habe mit einer großen Menge am 27. Oktober zu den Waffen gegriffen. Zugleich wußten die einen, wie es eben bei einer solchen Sache zu gehen pflegt, von Wundern und Vorzeichen zu berichten, andere, daß Versammlungen stattfänden, Waffen transportiert würden, in Capua und in Apulien ein Sklavenkrieg beabsichtigt sei. Auf

Senatsbeschluß werden daher Quintus Marcius Rex nach Faesulae, Quintus Metellus Creticus nach Apulien und Umgebung geschickt – diese beiden standen als Feldherren vor der Stadt, gehindert, den Triumph zu begehen, durch die Ränke weniger Leute, die sich gewöhnt hatten, alles, Ehrenvolles und Schmachvolles, zu verhökern –, aber die Prätoren Quintus Pompeius Rufus nach Capua, Quintus Metellus Celer ins Picenerland. Und es wurde ihnen gestattet, ein Heer entsprechend der Lage und der Gefahr zu rüsten; dazu beschlossen sie, wenn einer eine Anzeige über die Verschwörung, die gegen das Gemeinwesen unternommen war, machen würde, eine Belohnung, für einen Unfreien die Freiheit und 100 000 Sestertien, für einen Freien Straflosigkeit davon und 200 000 Sestertien, und desgleichen, daß die Gladiatorenverbände nach Capua und in die übrigen Landstädte entsprechend der Macht einer jeden verteilt werden sollten, daß in Rom durch die ganze Stadt hin Wachen gehen und daß die niederen Beamten sie führen sollten.

31. Durch diese Dinge wurden die Bürger sehr erregt und das Angesicht der Stadt änderte sich. Auf größte Lebensfreude und Ausgelassenheit, eine Wirkung der dauernden Ruhe, befiel alle plötzlich ein trübseliges Wesen: sie finden keine Ruhe, laufen ängstlich hin und her, haben zu keinem Ort und zu keinem Menschen ein rechtes Vertrauen, führen keinen Krieg und haben doch keinen Frieden, ein jeder bemißt die Gefahr nach seiner Angst; die Frauen, die eine infolge der Größe des Staates ungewohnte Kriegsfurcht befallen hatte, zerschlagen sich die Brust, strecken bittflehend die Hände zum Himmel empor, bejammern ihre kleinen Kinder, fragen nach allem, entsetzen sich bei jedem Gerücht, raffen alles

27

zusammen unter Aufgabe ihrer Überheblichkeit und ihres Tandes, haben kein Vertrauen in sich und das Vaterland.

Aber des Catilina harter Sinn betrieb das gleiche weiter, wenn auch Schutzmaßnahmen vorbereitet wurden und er selbst von Lucius Paulus nach dem Plautischen Gesetz belangt worden war; zuletzt, um zu tun, als ob nichts wäre, oder um sich zu rechtfertigen, kam er in den Senat, gleich als wäre er durch Anwürfe gereizt. Da hat der Konsul Marcus Tullius Cicero, aus Furcht über seine Anwesenheit oder aus Zorn, eine glänzende und für den Staat nützliche Rede gehalten, die er dann auch ausgearbeitet und herausgegeben hat. Sobald er sich aber gesetzt hatte, da begann Catilina, wie er ja gerüstet war für jede Art von Verstellung, mit gesenktem Blick, flehender Stimme die Senatoren zu bitten, sie sollten doch nicht ohne weiteres etwas über ihn glauben: er stamme aus so guter Familie, habe von früher Jugend so sein Leben eingerichtet, daß er alles Gute in Aussicht habe; sie sollten doch nicht meinen, ihm, einem Manne aus altem Adel, der selbst und dessen Vorfahren die zahlreichsten Verdienste um das römische Volk besäßen, liege an der Vernichtung des Staates, während ihn Marcus Tullius rette, ein hergelaufener Eindringling in der Stadt Rom. Als er hierzu noch andere Schmähreden fügte, lärmten alle gegen ihn, nannten ihn einen Feind und Mörder. Da sagte er von Sinnen: „Da ich einmal, umstellt von Feinden, gestürzt werden soll, werde ich meinen Brand in Trümmern ersticken."

32. Darauf stürzte er aus dem Saal nach Hause. Dort überlegte er lange bei sich hin und her, weil einmal der Anschlag auf den Konsul nicht vonstatten gehen wollte und er auch sah, daß die Stadt vor

Brandstiftung durch die Wachen gesichert war, und hielt es fürs beste, sein Heer zu vergrößern und, bevor Legionen ausgehoben würden, vieles vorher an sich zu reißen, was für den Krieg von Nutzen sein könnte. So brach er in tiefer Nacht mit wenigen Leuten in das Lager des Manlius auf. Cethegus aber und Lentulus und den übrigen, deren rasche Verwegenheit er kennengelernt hatte, trägt er auf, wie sie nur könnten, die Macht ihrer Partei zu stärken, den Anschlag auf den Konsul zu beschleunigen, Mord, Brandstiftung und andere Kriegstaten vorzubereiten. Er werde in nächster Zeit mit einem gewaltigen Heere vor die Stadt rücken.

Während dies in Rom geschieht, schickt Gaius Manlius aus seiner Schar Gesandte zu Marcius Rex mit Aufträgen folgenden Inhalts: 33. „Wir rufen die Götter und Menschen zu Zeugen an, Feldherr, daß wir zu den Waffen nicht gegen das Vaterland gegriffen haben, noch um damit andere in Gefahr zu bringen, sondern daß unsere Leiber sicher seien vor Unrecht, wir, die wir elend, mittellos, durch die Gewaltsamkeit und Grausamkeit der Wucherer größtenteils des Vaterlands, aber alle der Ehre und des Vermögens verlustig gegangen sind. Keinem von uns aber war es nach der Sitte der Vorfahren gegeben, das Gesetz anzurufen noch nach Verlust unseres Vermögens die persönliche Freiheit zu behalten: so hart war die Erbarmungslosigkeit der Wucherer und des Prätors. Oft haben eure Vorfahren, sich der Masse des römischen Volkes erbarmend, durch ihre Beschlüsse seiner Mittellosigkeit gesteuert, und noch jüngst zu unserer Zeit ist wegen der Größe der Schulden mit Willen aller Wohlgesinnten Silber mit Kupfer eingelöst worden. Oft hat sich das Volk selbst, entweder von der Leidenschaft zur Herrschaft

29

oder der Unterdrückung durch die Beamten aufgewühlt, bewaffnet vom Senat getrennt. Aber wir wollen nicht Herrschaft noch Reichtümer, derentwegen Krieg und aller Streit ist unter den Menschen, sondern die Freiheit, die ein richtiger Mann nur mit seinem Leben zugleich verliert. Dich und den Senat beschwören wir, sorgt für eure unglücklichen Mitbürger, gebt ihnen den Schutz des Gesetzes wieder, den ihnen die Härte des Prätors entrissen hat, und erlegt uns nicht die Notwendigkeit auf, den Tod zu suchen, nachdem wir für unser Blut die schlimmste Rache genommen haben."

34. Darauf antwortete Quintus Marcius, wenn sie den Senat um etwas bitten wollten, möchten sie von den Waffen lassen, demütig nach Rom ziehen. Der Senat des römischen Volkes sei immer von solcher Milde und Güte gewesen, daß niemand ihn je vergeblich um Hilfe gebeten habe.

Catilina hingegen schickte von unterwegs den meisten Briefe, Konsularen, zudem sonst den Bedeutendsten: er sei in falsche Anschuldigungen verstrickt; da er dem Komplott seiner Feinde nicht habe Widerstand leisten können, weiche er dem Schicksal und gehe in die Verbannung nach Massilia; nicht weil er sich eines so schlimmen Verbrechens bewußt sei, sondern auf daß der Staat Ruhe habe und aus seinem persönlichen Kampf kein Aufruhr entstehe. Einen von diesen weit verschiedenen Brief las Quintus Catulus im Senat vor; nach seiner Aussage war er ihm in Catilinas Namen gebracht worden. Eine Abschrift davon ist hier unten gegeben:

35. „Lucius Catilina an Quintus Catulus. Deine außerordentliche, durch die Tat erprobte Zuverlässigkeit, die mir in meinen großen Gefahren willkommen ist, gibt Zutrauen in meine Empfehlung.

Deshalb habe ich nicht vor, eine Verteidigung bei dem neuen Unternehmen zu geben; eine Erklärung aber ohne das Bewußtsein der Schuld will ich über sie vorlegen, die du bei Gott als wahr erkennen darfst. Durch Kränkungen und Beleidigungen aufgebracht, weil ich, der Frucht meiner Mühen und Anstrengungen beraubt, nicht die Stellung, die mir zukam, behaupten konnte, habe ich die allgemeine Sache der Unglücklichen nach meiner Gewohnheit übernommen, nicht weil ich meine Schulden, die ich auf meinen Namen gemacht hatte, aus meinem Besitz nicht hätte bezahlen können – auch die auf fremden Namen hätte die Großzügigkeit der Orestilla aus eigenen und der Tochter Mitteln beglichen –, sondern weil ich Menschen, die dessen nicht wert waren, mit Ehre ausgezeichnet sah und spürte, daß ich durch falsche Verdächtigungen beiseite geschoben war. Aus diesem Grund bin ich dann den bei meiner Lage zur Genüge ehrenvollen Aussichten gefolgt, meine verbleibende Stellung zu wahren. Eben, als ich noch mehr schreiben will, wird mir gemeldet, man wolle mit Gewalt gegen mich vorgehen. So empfehle ich dir und deinem treuen Schutz Orestilla; schütze sie vor Unbill, ich bitte dich bei deinen Kindern. Lebe wohl!"

36. Selbst aber weilt er wenige Tage im Gebiet von Arretium bei Gaius Flaminius, indem er dabei die schon vorher unruhige Nachbarschaft mit Waffen ausstattet, und eilt dann mit den Rutenbündeln und den anderen Abzeichen des Oberbefehls in das Lager zu Manlius.

Als das in Rom bekannt wird, erklärt der Senat Catilina und Manlius zu Staatsfeinden, für die übrige Menge setzt er einen Tag fest, vor dem sie ohne Gefährdung von den Waffen lassen könnten, ausgenommen die, welche eines todeswürdigen Verbrechens wegen verurteilt waren. Außerdem beschließt er, die Konsuln sollten die Aushebung vornehmen, Antonius sich beeilen, Catilina mit einem Heer zu verfolgen, Cicero die Stadt schützen.

Dazumal schien mir das Reich des römischen Volkes bei weitem am meisten beklagenswert. Obwohl ihm bis zum Untergang der Sonne vom Aufgang angefangen alles durch Waffengewalt bezwungen gehorchte, daheim Frieden und Reichtum, die wertvollsten Dinge nach dem Urteil der Menschen, im Überfluß vorhanden waren, gab es doch Bürger, die sich und das Gemeinwesen durch ihren verstockten Sinn zugrunde richteten. Denn trotz der zwei Senatsbeschlüsse hatte bei einer so ungeheuren Menge keiner durch die ausgesetzte Belohnung verlockt die Verschwörung aufgedeckt, und das Lager Catilinas hatte kein einziger verlassen: so groß war die Gewalt der Krankheit, und wie eine Seuche hatte sie den Geist der meisten Bürger befallen. 37. Denn nicht nur denjenigen, die Mitwisser der Verschwörung gewesen waren, war der Sinn verwirrt, sondern überhaupt das gesamte niedere Volk hieß das Beginnen Catilinas gut aus Freude am Umsturz. Das tat es offensichtlich nach seiner Art. Denn immer sehen in einem Staate diejenigen, die keine Mittel haben, auf die Tüchtigen mit Mißgunst, heben Taugenichtse auf den Schild, hassen das Alte, begehren Neues, aus Verdruß über ihre Lage sind sie dafür, alles zu ändern, gedeihen bei Wirren und Aufruhr, ohne sich Sorgen zu machen, da man ja die Armut leicht ohne Schaden haben kann. Die hauptstädtische Masse indes, die war vollends hemmungslos aus vielen Gründen. Zum ersten vor allem: wer irgend-

32

wo sich besonders auszeichnete durch schändliches
Wesen und Frechheit, desgleichen andere, die schimpf-
lich ihr Vermögen verloren hatten, schließlich alle,
die eine Schandtat oder ein Verbrechen von daheim
fortgetrieben hatte, die waren in Rom wie die Jau-
che im Kielraum des Schiffes zusammengelaufen.
Dann hofften viele in Erinnerung an Sullas Sieg,
weil sie gemeine Soldaten jetzt teils als Senatoren
sahen, teils so reich, daß sie ein Leben in königlicher
Weise und Pracht führten, jeder für sich selbst, wenn
er zu den Waffen griffe, nach einem Siege Ähn-
liches. Außerdem hatte die Jugend, die auf den
Feldern mit ihrer Hände Lohn ein armes Leben geführt hatte, durch Geschenke von privater Seite und
von Staats wegen herbeigelockt, das Nichtstun in
der Stadt einer undankbaren Arbeit vorgezogen.
Die und alle anderen lebten vom Unglück des Staates. Kein Wunder daher, daß diese Menschen, arm,
sittlich verkommen, voll der größten Erwartungen,
für den Staat nicht anders sorgten als für sich.
Außerdem: alle, deren Eltern nach dem Sieg Sullas
geächtet, deren Güter geraubt, deren Freiheitsrechte
beschnitten worden waren, erwarteten in keineswegs
anderer Gesinnung den Ausgang des Krieges. Dazu
wollten alle, die einer anderen als der Senatspartei
angehörten, lieber, daß das Gemeinwesen in Unordnung geriete, als daß sie selber weniger Gewicht
hätten. Dies Unheil war nach vielen Jahren in den
Staat wieder eingekehrt. 38. Denn nachdem unter
dem Konsulat des Gnaeus Pompeius und des Marcus
Crassus die Amtsgewalt der Tribunen wiederhergestellt worden war, begannen junge Burschen, nach
Erlangung höchster Amtsgewalt, in jugendlicher und
angeborener Rücksichtslosigkeit das Volk mit Verdächtigungen gegen den Senat aufzuwiegeln, dann

es durch Geschenke und Versprechungen noch mehr zu erhitzen und so selbst berühmt und mächtig zu werden. Gegen diese arbeitete mit aller Kraft der größte Teil des Adels nach außen für den Senat, in Wirklichkeit für seine eigene Größe. Denn, um mit wenigen Worten die ganze Wahrheit hinzustellen: alle, die nach jener Zeit unter wohlklingenden Titeln das Gemeinwesen in Unruhe versetzten, die einen, gleich als ob sie die Rechte des Volkes schützten, ein Teil, daß das Ansehen des Senates so groß wie möglich sei, nahmen das Gemeinwohl nur zum Vorwand, um jeder für die eigene Macht zu kämpfen. Und sie kannten weder Zurückhaltung noch Maß in diesem Kampf. Beide Parteien nützten ihren Sieg grausam aus. 39. Indes, als Gnaeus Pompeius in den Seeräuberkrieg und dann gegen Mithridates geschickt worden war, war die Macht des Volkes gebrochen, der Einfluß der wenigen wuchs. Die hielten die Ämter, die Provinzen und alles andere in ihrer Hand; selbst lebten sie unangreifbar, gedeihend, ohne Furcht und schreckten die übrigen durch Prozesse, damit sie während ihrer Amtsführung das Volk nicht zu sehr aufwiegelten. Kaum aber bot sich bei unsicherer Lage die Hoffnung auf Umsturz, so richtete der alte Streit dessen Mut auf. Hätte aber beim ersten Gefecht Catilina als Sieger oder mit gleichem Glücke das Kampffeld verlassen, hätte fürwahr ein schweres Unglück und Unheil den Staat vernichtet. Aber auch die Sieger hätten den Sieg nicht länger genießen können, ohne daß den Ermatteten und Ausgebluteten ein Mächtigerer Herrschaft und Freiheit entwunden hätte.

Es gab jedoch mehrere nicht zur Verschwörung Gehörige, die gleich am Anfang zu Catilina aufbrachen. Unter denen war Fulvius, der Sohn eines Senators, den der Vater unterwegs zurückholen und töten ließ.

Zur selben Zeit wiegelte in Rom Lentulus, wie es Catilina befohlen hatte, alle, die er nach Charakter und Lage für den Umsturz geeignet glaubte, entweder selbst oder durch andere auf, und nicht nur Bürger, sondern jede Sorte Menschen, wenn sie nur für den Krieg von Nutzen wäre. 40. So stellt er einem gewissen Publius Umbrenus die Aufgabe, er solle die Gesandten der Allobroger aufsuchen und sie, wenn möglich, zur Teilnahme am Krieg bewegen, im Glauben, unter dem Druck ihrer öffentlichen und privaten Schuldenlast, außerdem weil der gallische Stamm von Natur kriegerisch sei, könnten sie leicht für ein solches Unternehmen gewonnen werden. Umbrenus war, weil er in Gallien Geschäfte gehabt hatte, den meisten Führern der Stämme bekannt und kannte sie selbst. Deshalb tat er, kaum daß er die Gesandten auf dem Forum erblickt hatte, ein paar Fragen nach der Lage ihres Staates, und wie wenn er dessen Unglück bedauerte, begann er zu forschen, welches Ende sie denn für ein solches Elend erhofften. Als er sieht, daß sie Klage führen über die Habgier der Beamten, daß sie den Senat beschuldigen, daß bei ihm keine Hilfe sei, daß sie für ihr Elend nur ein Mittel, den Tod, erwarten, sagt er: „Doch ich will euch, wenn ihr nur Männer sein wollt, den Weg zeigen, wie ihr diesem eurem schlimmen Elend entfliehen könnt." Als er das gesagt hatte, da faßten die Allobroger die größte Hoffnung und baten ihn, er solle doch Mitleid mit ihnen haben: nichts sei so hart und schwierig, was sie nicht mit größtem Verlangen tun würden, wenn es nur ihren Staat von seinen Schulden befreie. Er führt sie in das Haus des Decimus Brutus, das in der Nähe des Forums lag und wegen der Sempronia für seinen Plan günstig war; denn Brutus war damals abwesend von Rom. Außerdem ruft er Gabinius herbei, damit seine Rede ein größeres Gewicht hätte. Als der da war, enthüllt er die Verschwörung, nennt die Verschworenen, außerdem viele Unschuldige jeder Art, damit die Gesandten desto größeren Mut hätten. Dann entläßt er sie, nachdem sie ihre Mitwirkung versprochen haben.

41. Die Allobroger waren lange im ungewissen, was für einen Entschluß sie fassen sollten. Auf der einen Seite stand die Schuldenlast, die Lust am Kriege, der große Preis in der Hoffnung auf den Sieg; aber auf der anderen größere Macht, gefahrlose Entschlüsse, statt unsicherer Hoffnung sichere Belohnung. Während sie dies hin und her überlegten, siegte schließlich das Glück unseres Staates. So entdeckten sie dem Quintus Fabius Sanga, dessen Schutz ihr Staat meist in Anspruch nahm, die ganze Sache, wie sie sie in Erfahrung gebracht hatten. Cicero erhält durch Sanga von dem Plan Kenntnis und gibt den Gesandten Anweisung, lebhaftes Interesse an der Verschwörung vorzutäuschen, auch zu den übrigen zu gehen, reichlich Versprechungen zu machen und sich zu bemühen, sie möglichst fest in die Hand zu bekommen.

42. Zu derselben Zeit ungefähr waren im diesseitigen und jenseitigen Gallien, ebenso im Picenerland, in Bruttien, in Apulien Unruhen. Denn die Leute, die Catilina vorher ausgeschickt hatte, betrieben unüberlegt und wie von Sinnen alles zugleich. Durch nächtliche Beratungen, Transporte von Waffen zu Verteidigung und Angriff, durch Hasten und sich auf alles erstreckende Betriebsamkeit hatten

36

sie mehr Furcht als Gefahr erzeugt. Von dieser Gesellschaft hatte der Prätor Quintus Metellus Celer auf Senatsbeschluß nach einer Untersuchung mehrere ins Gefängnis werfen lassen, desgleichen im diesseitigen Gallien Gaius Murena, der den Befehl über diese Provinz als Legat hatte.

43. In Rom aber hatte Lentulus mit den übrigen Häuptern der Verschwörung nach Bereitstellung wie ihm schien bedeutender Streitkräfte beschlossen, der Volkstribun Lucius Bestia solle, wenn Catilina mit seinem Heere ins Gebiet von Faesulae gelangt sei, eine Volksversammlung abhalten, sich über das Vorgehen Ciceros beschweren und das Odium des drückenden Krieges dem ausgezeichneten Konsul aufbürden: auf dies Zeichen solle in der folgenden Nacht die übrige Menge der Verschwörung ein jeder seine Aufgabe durchführen. Die aber, hieß es, seien auf folgende Weise verteilt gewesen: Statilius und Gabinius sollten mit einer großen Schar zwölf geeignete Stellen der Stadt zugleich anstecken, daß man in dem Durcheinander leichter an den Konsul und die anderen herankäme, denen man ans Leben wollte. Cethegus sollte Ciceros Haustor besetzen und ihn selbst mit der Waffe angreifen, jeder sollte aber einen andern, die Söhne der Familien jedoch, deren größter Teil von Adel war, ihre Väter umbringen; wenn alle durch Mord zugleich und Brand betäubt seien, sollten sie zu Catilina durchbrechen. Bei diesen Vorbereitungen und Beschlüssen klagte Cethegus ohne Unterlaß über die Feigheit seiner Spießgesellen: sie verdürben durch Zaudern und Aufschieben große Gelegenheiten; Tat, nicht Rat sei in solcher Gefahr vonnöten; er werde, wenn nur wenige ihm zur Seite stünden, den Sturm auf die Kurie machen, möchten andere auch schlaff und un-

tätig sein. Von Natur war er wild, heftig, rasch bei
der Hand, das Beste lag nach seiner Meinung in der
Schnelligkeit.

44. Die Allobroger indes suchen nach Ciceros
Weisung durch Vermittlung des Gabinius die anderen auf. Von Lentulus, Cethegus, Statilius sowie
von Cassius fordern sie eine eidliche Erklärung, die
sie versiegelt ihren Mitbürgern bringen könnten:
anders würden sie nicht leicht zu einer so großen
Sache zu bewegen sein. Die anderen geben sie ohne
allen Verdacht, Cassius verspricht, in Kürze selbst
dahin zu kommen, und bricht wenig vor den Gesandten aus der Stadt auf. Lentulus schickt mit
ihnen einen Mann namens Titus Volturcius aus Cro-
ton, daß die Allobroger, bevor sie nach Hause weiter-
zögen, mit Catilina durch gegenseitiges Gelöbnis das
Bündnis erhärteten. Selbst gibt er Volturcius einen
Brief an Catilina mit, dessen Abschrift hier folgt:

„Wer ich bin, erfährst du von dem, den ich zu dir
schicke. Erwäge bitte, in welcher Not du bist, und
vergiß nicht, daß du ein Mann bist. Geh mit dir zu
Rate, was deine Lage erfordert. Hilfe suche bei allen,
auch bei den Niedrigsten."

Zudem trägt er ihm mündlich auf: da er vom
Senat zum Staatsfeind erklärt sei, weswegen wolle
er dann die Sklaven zurückweisen? In der Stadt sei
vorbereitet, was er befohlen. Er solle nicht zögern,
selber näher heranzurücken.

45. Als dies soweit war, die Nacht bestimmt war,
in der sie aufbrechen sollten, erteilt Cicero, durch
die Gesandten über alles unterrichtet, den Prätoren Lucius Valerius Flaccus und Gaius Pomptinus
den Befehl, an der Mulvischen Brücke der ganzen
Gesellschaft der Allobroger aufzulauern und sie fest-
zunehmen. Er enthüllt ihnen die ganze Angelegen-

heit, derentwegen sie ausgeschickt wurden; im übrigen stellt er ihnen anheim, so zu handeln, wie die Lage es erfordert. Die, alte Soldaten, verteilen in aller Stille ihre Posten, wie befohlen, und besetzen heimlich die Brücke. Als die Gesandten mit Volturcius an diese Stelle kamen und sich zugleich auf beiden Seiten ein Geschrei erhob, ergaben sich die Gallier, indem sie schnell die Absicht erkannten, ohne Verzug den Prätoren, Volturcius feuerte zunächst die andern an und verteidigte sich mit dem Schwert vor dem Haufen, dann, als er sich von den Gesandten verlassen sah, bat er erst lange den Pomptinus flehentlich um Rettung – es war nämlich ein Bekannter von ihm –, endlich überließ er sich ängstlich und schon nichts mehr auf sein Leben gebend den Prätoren wie Feinden.

46. Als dies vollendet war, wurde alles eilends dem Konsul durch Boten dargetan. Diesen aber ergriff ungeheure Sorge und Freude zugleich. Denn er freute sich, weil er erkannte, daß durch die Entdeckung der Verschwörung der Staat den Gefahren entrissen sei; dann aber war er wiederum in beklemmender Sorge, unsicher, was zu tun sei, wo man so hochgestellte Mitbürger bei dem größten Verbrechen ertappt habe: ihre Bestrafung, glaubte er, werde ihn belasten, lasse man sie ungestraft, werde das den Staat zugrunde richten. So faßte er sich und hieß zu sich rufen Lentulus, Cethegus, Statilius, Gabinius, desgleichen Caeparius aus Terracina, der im Begriff war nach Apulien aufzubrechen, um die Sklaven aufzuwiegeln. Die anderen kommen sofort, Caeparius hatte kurz vorher sein Haus verlassen und war, als er von der Anzeige erfahren hatte, aus der Stadt gewichen. Der Konsul führt Lentulus, weil er Prätor war, selbst an der Hand in den Senat,

die anderen heißt er unter Bewachung in den Tempel der Concordia kommen. Dorthin ruft er den Senat zusammen, und unter großer Beteiligung dieses Standes führt er den Volturcius mit den Gesandten herein. Dem Prätor Flaccus befiehlt er, auch das Kästchen mit den Briefen, die er von den Gesandten erhalten hatte, dorthin zu bringen.

47. Volturcius, befragt nach Reiseziel, Brief, endlich was er für Absichten gehabt habe und aus welchem Grunde, erfindet zunächst andere Ausreden, stellt sich, als ob er von der Verschwörung nichts wisse. Als er dann unter Zusicherung von Straffreiheit zu reden aufgefordert wurde, enthüllt er alles, wie es zugegangen war, und legt dar, daß er erst vor wenigen Tagen von Gabinius und Caeparius als Mitglied herzugezogen worden sei und deshalb nicht mehr wisse als die Gesandten, nur habe er öfter von Gabinius gehört, Publius Autronius, Servius Sulla, Lucius Vargunteius, außerdem noch viele seien auch bei dieser Verschwörung. Dasselbe sagen die Gallier aus, und den Lentulus, der leugnet, überführen sie durch seinen Brief und die Reden, die er zu führen pflegte: nach den Sibyllinischen Büchern werde die Herrschaft über Rom drei Corneliern geweissagt; Cinna und Sulla seien es vorher gewesen, er sei der dritte, dem es bestimmt sei, sich der Stadt zu bemächtigen; zudem sei dieses nach dem Brande des Kapitols das zwanzigste Jahr, das – so lauteten die Bescheide der Vogelschauer nach den Vorzeichen – durch Bürgerkrieg blutig sein werde. Als die Briefe verlesen worden waren und alle zuvor ihr Siegel anerkannt hatten, beschließt daher der Senat, daß nach Niederlegung seines Amtes Lentulus genau wie die anderen in freier Haft gehalten werden solle. Deshalb wird Lentulus dem Publius Lentulus Spin-

40

ther, der damals Ädil war, Cethegus dem Quintus Cornificius, Statilius dem Gaius Caesar, Gabinius dem Marcus Crassus, Caeparius – denn der war kurz vorher von seiner Flucht zurückgeholt worden – dem Senator Gnaeus Terentius übergeben.

48. Derweilen änderte nach Entdeckung der Verschwörung das Volk seinen Sinn, das doch zunächst, auf Umsturz lüstern, dem Kriege nur allzusehr gewogen war, verwünschte die Anschläge Catilinas, hob Cicero in den Himmel; gleich als wären sie der Unterdrückung entronnen, schwammen sie in Lustigkeit und Freude. Denn andere Kriegstaten, meinten sie, würden eher Beute als Schaden bringen, Brandstiftung aber sei grausam, maßlos und besonders verhängnisvoll für sie, deren ganzer Besitz in den täglichen Gebrauchsdingen und der Kleidung bestand.

Tags darauf wird ein Mann namens Lucius Tarquinius dem Senat vorgeführt, der, wie sie sagten, zu Catilina gehen wollte und unterwegs aufgegriffen worden war. Da er sagte, er wolle Anzeigen betreffs der Verschwörung erstatten, wenn Straffreiheit gewährt würde, wurde er vom Konsul aufgefordert, zu verkünden, was er wisse, und legt dem Senat etwa dasselbe dar wie Volturcius, über die vorbereiteten Brandstiftungen, die Niedermetzelung der Anständigen, die Marschrichtung der Feinde: zudem sei er von Marcus Crassus geschickt, um Catilina zu sagen, die Ergreifung des Lentulus, Cethegus und der übrigen von der Verschwörung solle ihn nicht schrecken und er solle sich nur um so mehr beeilen, an die Stadt heranzurücken, um dadurch den Mut der übrigen wieder zu heben und auf daß jene leichter ihrer gefährlichen Lage entrissen werden könnten. Als aber Tarquinius Crassus nannte, einen

41

Mann von Adel, von größtem Reichtum, höchster Macht, erhoben sie ein Geschrei, die einen, weil sie die Sache für unglaubwürdig hielten, ein Teil, ob sie gleich von der Wahrheit überzeugt waren, doch, weil in einem solchen Zeitpunkt die gewaltige Macht des Mannes mehr zu besänftigen als zu reizen tunlich schien, die meisten, weil sie dem Crassus aufgrund privater Geschäfte verpflichtet waren: der Angeber sei ein Lügner; sie fordern, daß über die Sache vor dem Senat beraten werde. Und so entscheidet der Senat auf Ciceros Antrag, daß die Anzeige des Tarquinius falsch erscheine, er solle in Haft gehalten werden und es solle ihm nicht mehr die Möglichkeit zur Aussage gegeben werden, wenn er nicht über den eine Anzeige mache, auf dessen Veranlassung er eine so wichtige Sache erlogen habe. Es gab zu der Zeit Leute, die der Ansicht waren, diese Anzeige sei von Publius Autronius inszeniert worden, um desto leichter – wenn der Name Crassus gefallen wäre – die übrigen durch die Gemeinsamkeit der Gefahr mit dessen Macht zu decken. Andere behaupteten, Tarquinius sei von Cicero entsandt worden, daß Crassus nicht, indem er nach seiner Art den Schutz der üblen Elemente übernähme, den Staat in Unordnung bringe. Ich habe später Crassus selbst äußern hören, diese große Schmach sei ihm von Cicero aufgebürdet worden.

49. Zur gleichen Zeit aber konnten Quintus Catulus und Gaius Piso weder durch Bestechung noch durch ihren Einfluß Cicero dazu bringen, durch die Allobroger oder durch einen anderen Angeber Gaius Caesar fälschlich nennen zu lassen. Denn beide hatten mit diesem schwere Feindschaft: Piso war von ihm angegriffen worden in einem Schadenersatzprozeß wegen der ungerechten Hinrichtung eines

Transpadaners, Catulus haßte ihn glühend seit seiner Bewerbung um das Pontifikat, weil er hochbetagt, nachdem er die höchsten Stellen innegehabt hatte, vor dem ganz jungen Caesar besiegt das Feld hatte räumen müssen. Die Gelegenheit aber schien günstig, weil er persönlich durch seine außerordentliche Großzügigkeit, in seiner Amtsführung durch reichste Geschenke große Summen schuldete. Als sie aber den Konsul zu einem solchen Verbrechen nicht bringen können, gehen sie selbst an einzelne Leute heran und lügen zusammen, was sie nach ihrer Behauptung von Volturcius oder den Allobrogern gehört hätten, und hatten damit viel böses Blut gegen ihn gemacht, derart, daß einige römische Ritter, die als Wache in Waffen beim Tempel der Concordia standen, mag sein durch die Größe der Gefahr getrieben, mag sein weil sie leicht hinzureißen waren, Caesar, wie er aus dem Senat heraustrat, mit dem Schwerte bedrohten, damit ihr Eifer für das Gemeinwohl sichtbar vor aller Augen stünde.

50. Während dieser Verhandlungen im Senat und während für die Gesandten der Allobroger und Titus Volturcius, da sich ihre Anzeige als wahr erwiesen hatte, Belohnungen beschlossen wurden, suchten die Freigelassenen und einige von den abhängigen Leuten des Lentulus, nach entgegengesetzter Richtung laufend, die Handwerker und die Sklaven in den Gassen zu seiner Befreiung aufzuwiegeln, teils suchten sie auch Bandenführer ausfindig zu machen, die um Lohn das Gemeinwesen zu plagen gewohnt waren. Cethegus aber bat durch Boten sein Haus und seine Freigelassenen, auserlesene und geübte Leute, sie sollten eine Kampfgruppe bilden und mit Waffengewalt zu ihm durchbrechen.

Als der Konsul diese Vorbereitungen erkennt, verteilt er Posten, wie es Umstände und Lage erfordern, ruft den Senat zusammen und leitet eine Verhandlung darüber ein, was man mit denen zu tun gedenke, die in Haft gegeben worden waren. Kurz vorher aber hatte der Senat unter großer Beteiligung das Urteil gefällt, daß diese gegen den Staat gehandelt hätten. Da hatte Decimus Iunius Silanus, als erster nach seiner Meinung befragt, weil er zu der Zeit gewählter Konsul des nächsten Jahres war, entschieden, die, welche in Haft gehalten wurden, und außerdem Lucius Cassius, Publius Furius, Publius Umbrenus, Quintus Annius, wenn sie gefaßt würden, seien hinzurichten; derselbe sagte später, durch die Rede Gaius Caesars bestimmt, er trete der Meinung des Tiberius Nero bei, der nämlich die Ansicht vertreten hatte, über diese Sache solle verhandelt werden erst nach Verstärkung der Wachen.

Caesar aber sprach, als die Reihe an ihn kam, vom Konsul nach seiner Meinung befragt, mit folgenden Worten:

51. „Alle Menschen, Senatoren und Beigeordnete, die Rat halten über eine unsichere Lage, sollten ziemlicherweise frei sein von Haß, Freundschaft, Zorn und Mitleid. Nicht leicht sieht der Geist die Wahrheit, wo sie entgegenwirken, und nie hat je einer der Leidenschaft zugleich und dem Nutzen gehorcht. Wofern du den Geist anspannst, ist er stark; wenn ihn die Leidenschaft mit Beschlag belegt hat, herrscht sie, und der Geist vermag nichts. Ich hätte reichlich Stoff, Senatoren und Beigeordnete, zu erzählen, wie Könige und Völker aus Zorn oder Mitleid schlechte Entschlüsse gefaßt haben. Aber ich will lieber das vortragen, wie unsere Vorfahren wider die Leidenschaft ihres Herzens richtig

und nach der Ordnung gehandelt haben. Im mazedonischen Krieg, den wir mit dem König Perseus führten, war der große und reiche Staat der Rhodier, der durch die Macht des römischen Volkes an Einfluß gewonnen hatte, treulos und arbeitete gegen uns. Als aber nach Beendigung des Krieges über die Rhodier zu Rate gegangen wurde, haben unsere Vorfahren, daß keiner sagen könne, der Krieg wäre mehr ihres Reichtums als der Kränkung wegen begonnen worden, sie unbestraft laufen lassen. Ebenso in allen Punischen Kriegen: obgleich die Karthager mehrfach im Krieg und während der Waffenruhe viele ruchlose Taten begingen, haben sie selbst doch niemals, bot sich die Gelegenheit, so etwas getan; sie fragten mehr nach dem, was ihrer würdig sei, als was gegen jene mit Recht unternommen werden könnte. Genauso müßt ihr darauf sehen, Senatoren und Beigeordnete, daß bei euch das Verbrechen des Publius Lentulus und der übrigen nicht eine größere Rolle spiele als eure Würde und ihr nicht mehr für euren Zorn als für euren Ruf sorgt. Denn wenn eine entsprechende Strafe für ihre Taten sich finden läßt, billige ich die neue Maßnahme; wenn aber die Größe des Verbrechens die Vorstellung aller übersteigt, stimme ich dafür, sich dessen zu bedienen, was durch das Gesetz bereitgestellt ist.

Die meisten derjenigen, die vor mir ihre Meinung ausgesprochen haben, haben in wohlgesetzten und großen Worten das Unglück des Staates bejammert. Wie grausam der Krieg ist, was den Besiegten trifft, haben sie aufgezählt: daß Mädchen, Knaben geraubt, daß die Kinder aus den Armen der Eltern gerissen werden, daß die Mütter der Familie erdulden müssen, was die Sieger gelüstet; daß Tempel und Häuser geplündert werden, daß Mord und

Brand herrscht, daß schließlich alles von Waffen, Leichen, Blut und Trauer erfüllt ist. Aber, bei den unsterblichen Göttern, was soll diese ganze Rede? Etwa euch gegen die Verschwörung aufbringen? Natürlich: wen eine so furchtbare und gräßliche Sache nicht rührte, den wird eine Rede entflammen. So ist es nicht! Und keinem unter den Menschen erscheint erlittenes Unrecht klein, viele haben es schwerer genommen als billig. Aber nicht allen ist das Gleiche erlaubt, Senatoren. Wenn diejenigen, die bescheiden im Dunkel ihr Leben verbringen, im Zorn etwas begehen, wissen es wenige, ihr Ruf und ihr Schicksal sind gleich; wer aber, mit großer Befehlsgewalt betraut, auf den Höhen sein Leben führt, dessen Handlungen kennen alle Menschen. So wohnt im größten Schicksal die geringste Freiheit; weder interessiert zu sein noch zu hassen, aber am allerwenigsten in Zorn zu geraten ziemt sich; wenn bei anderen von Jähzorn gesprochen wird, heißt das bei Herrschenden Überhebung und Grausamkeit. Ich bin nun zwar folgender Meinung, Senatoren und Beigeordnete, daß alle Martern geringer sind als deren Verbrechen. Aber die meisten Menschen denken nur an das Letzte, und bei ruchlosen Menschen vergessen sie ihres Verbrechens und halten sich nur über die Strafe auf, wenn sie ein wenig zu streng gewesen ist.

Decimus Silanus, ein tapferer, tüchtiger Mann, hat, das weiß ich genau, was er gesagt, aus Eifer für das Gemeinwesen gesagt, und in einer so wichtigen Angelegenheit übte er nicht Begünstigung oder Feindschaften: so habe ich Charakter, so Selbstbeherrschung des Mannes kennengelernt. Wohl aber ist sein Antrag, wie mir scheint, nicht grausam — denn was könnte gegen solche Menschen Grausames

46

geschehen –, aber unserem Staate nicht wesensgemäß. Denn fürwahr, entweder die Furcht oder das Unrecht, Silanus, haben dich, den gewählten Konsul des nächsten Jahres, gezwungen, für eine neuartige Strafart zu entscheiden. Über die Furcht ist es überflüssig zu sprechen, zumal durch die Umsicht des hochberühmten Mannes, unseres Konsuls, so gewaltige Schutzkräfte unter Waffen stehen. Was die Strafe anlangt, kann ich wenigstens sagen, wie es sich auch wirklich verhält, daß in Trübsal und Elend der Tod Erlösung vom Kummer, nicht Strafe ist, daß er alles Leid der Sterblichen löst, daß jenseits kein Raum für Sorge und Freude ist. Aber, bei den unsterblichen Göttern, weswegen hast du deinem Antrag nicht beigefügt, daß sie vorher erst mit Auspeitschung bestraft werden sollten? Etwa, weil es das Porcische Gesetz verbietet? Aber andere Gesetze ordnen auch an, daß verurteilten Bürgern nicht das Leben genommen, sondern daß ihnen die Verbannung freigestellt werde. Oder weil es härter ist, ausgepeitscht als getötet zu werden? Was aber ist zu bitter oder zu hart gegen Menschen, die einer solchen Untat überführt sind? Ist's aber aus dem Grunde, weil es zu leicht ist, wie verträgt es sich, in der geringeren Sache das Gesetz zu fürchten, während du es in der größeren nicht beachtest? Aber wer wird denn tadeln, was gegen Hochverräter beschlossen wird? Umstände, Zeit, Schicksal, dessen Willkür über die Völker herrscht! Diese wird verdient treffen, was immer geschieht. Ihr aber, Senatoren und Beigeordnete, erwägt wohl, was ihr damit auch gegen andere beschließt. Alle schlechten Richtlinien sind einmal aus guten Anlässen entstanden. Sobald aber die Entscheidung an Leute gekommen ist, die sie nicht kannten, oder zu weniger Guten, wird jene neue Maßregel von Leuten, die es verdienen und wert sind, auf Leute übertragen, die es nicht verdienen und es nicht wert sind. Die Lazedämonier setzten nach Besiegung der Athener dreißig Männer über sie, die ihren Staat lenken sollten. Die begannen zunächst, gerade die Schlechtesten und allen Verhaßten ohne Urteil hinzurichten; darüber freute sich das Volk und sagte, es geschehe verdient. Danach, wie ihre Willkür allmählich wuchs, brachten sie Gute und Schlechte, wie es sie gelüstete, nebeneinander um, die übrigen hielten sie durch Furcht in Schrecken: so zahlte das Volk, in Knechtschaft unterdrückt, für seine törichte Freude schwere Buße. Als zu unseren Zeiten Sulla nach seinem Siege Damasipp und andere der Art, die durch das Unglück des Staates emporgekommen waren, hinmorden ließ, wer lobte da nicht seine Tat? Ruchlose und intrigante Menschen, die den Staat durch Aufstände nicht hätten zur Ruhe kommen lassen, seien verdient getötet worden, sagte man. Doch war das der Beginn eines großen Unheils. Denn wie es jeweils einen nach dem Haus oder dem Landgut, schließlich nach Geschirr oder Kleidung gleich wessen gelüstete, bemühte er sich, daß dieser in die Zahl der Geächteten kam. So wurden jene, die sich über den Tod des Damasippus gefreut hatten, wenig später selbst fortgeschleift, und nicht eher gab es ein Ende des Mordens, bis Sulla alle seine Anhänger mit Reichtümern gesättigt hatte. Und ich fürchte so etwas nicht bei Marcus Tullius und nicht zur jetzigen Zeit, aber in einem großen Staate gibt es viele und unterschiedliche Geister. Es kann zu anderer Zeit, unter einem anderen Konsul, der ebenfalls ein Heer in der Hand hat, etwas Falsches für Wahrheit genommen werden. Wofern nach diesem Beispiel ein Konsul auf

Senatsbeschluß das Schwert gezogen hat, wer wird ihm dann eine Grenze setzen, wer wird ihn in Schranken halten?

Unseren Vorfahren, Senatoren und Beigeordnete, hat es nie an Einsicht und Kühnheit gefehlt; es hinderte sie aber auch nicht ihr Stolz, fremde Einrichtungen, wenn sie nur recht waren, nachzuahmen. Kriegsgerät und Waffen übernahmen sie von den Samniten, die Abzeichen der Beamten zumeist von den Etruskern; schließlich: wo etwas bei Bundesgenossen oder Feinden geeignet schien, suchten sie es mit größtem Eifer daheim durchzuführen; lieber nachahmen wollten sie die Tüchtigen als scheel auf sie sehen. Indes, eben zu jener Zeit ahmten sie den Brauch von Griechenland nach und ahndeten ihre Mitbürger mit Auspeitschung, an Verurteilten vollstreckten sie die Todesstrafe. Als der Staat wuchs und infolge der großen Masse der Bürger die Parteiungen an Macht gewannen, man anfing, Unschuldige zu umgarnen, anderes derart zu begehen, da wurden das Porcische Gesetz und andere Gesetze gegeben, Gesetze, nach denen den Verurteilten die Verbannung freigestellt wurde. Ich halte diesen Grund, Senatoren und Beigeordnete, insonderheit für entscheidend, daß wir keinen neuen Entschluß fassen. Fürwahr Tüchtigkeit und Weisheit waren größer bei ihnen, die aus kleinen Anfängen ein so großes Reich geschaffen haben, als bei uns, die wir das tüchtig Erworbene mit Mühe nur behaupten.

Ich bin also dafür, daß sie entlassen werden und so das Heer Catilinas vermehrt werde? Keineswegs! Aber ich meine so: ihr Vermögen ist einzuziehen, sie selbst in den Landstädten, die besonders mächtig sind, in Haft zu halten, und keiner soll hiernach über sie an den Senat berichten und mit dem Volke verhandeln; verstößt jemand dagegen, ist der Senat der Ansicht, daß er gegen den Staat und das Wohl der Allgemeinheit handeln wolle."

52. Als Caesar seine Rede beendet hatte, stimmten die übrigen mit einem kurzen Wort der eine diesem, der andere jenem in verschiedener Weise bei. Aber Marcus Porcius, nach seiner Meinung befragt, hielt eine Rede folgenden Inhalts:

„Zwiespältig, Senatoren und Beigeordnete, sind meine Empfindungen, wenn ich die Lage und unsere Gefahren bedenke und wenn ich die Anträge einiger bei mir selbst prüfe. Jene scheinen mir nur über die Bestrafung derjenigen gehandelt zu haben, die gegen ihr Vaterland, ihre Eltern, ihre Altäre und Herde den Krieg vorbereiteten; die Umstände aber mahnen eher, uns vor ihnen zu schützen, als zu beraten, was wir gegen sie verfügen wollen. Denn die anderen Schandtaten kannst du dann verfolgen, wenn sie geschehen sind; hierin, wenn du nicht Vorsorge triffst, daß es nicht eintritt, dürftest du, ist es geschehen, umsonst die Gerichte anrufen: ist die Stadt genommen, bleibt den Besiegten nichts übrig. Aber, bei den unsterblichen Göttern, euch rufe ich auf, die ihr immer eure Häuser, Landgüter, Statuen, Bilder höher gestellt habt als das Gemeinwesen: wenn ihr das, mag es sein, wie es wolle, woran ihr euch klammert, behaupten, wenn ihr euren Liebhabereien Muße verschaffen wollt, wacht endlich einmal auf und nehmt das Staatswesen in eure Hand! Es geht nicht um Steuern und Kränkungen der Bundesgenossen: die Freiheit und unser Leben sind in Gefahr!

Zu häufigen Malen, Senatoren und Beigeordnete, habe ich lange Reden vor diesem Stande gehalten, oft habe ich Klage geführt über die Verschwendungs- und Habsucht unserer Mitbürger, und viele Menschen habe ich deswegen zu Feinden. Da ich mir und meinem Willen nie ein Vergehen nachgesehen hatte, hielt ich nicht leicht den Gelüsten des Mitbürgers Übeltaten zugute. Aber wenn ihr das auch gering achtet, so stand doch wenigstens der Staat fest, seine Machtfülle konnte diese Geringschätzung ertragen. Jetzt aber handelt es sich nicht darum, ob wir in gutem oder schlechtem sittlichem Zustand leben, nicht darum, wie groß und wie stattlich das Reich des römischen Volkes sei, sondern darum, ob das alles, wie es auch immer scheinen möge, uns gehöre oder samt uns eine Beute der Feinde wird. Hier spricht mir einer von Milde und Mitleid? Schon längst haben wir die wahren Bezeichnungen für die Wirklichkeit verloren! Weil fremdes Gut verschenken Freigebigkeit, Verwegenheit in schlimmen Dingen Tapferkeit heißt, deshalb steht der Staat am Abgrund. Mögen sie nur, da es ja so Sitte ist, freigebig sein mit dem Vermögen der Bundesgenossen, mögen sie Mitleid haben mit den Dieben der Staatskasse: daß sie nur nicht unser Blut verschenken und, während sie wenige Verbrecher schonen, alle Anständigen zugrunde richten!

Trefflich und wohlgesetzt hat Gaius Caesar kurz vorher vor diesem Stande über Leben und Tod Betrachtungen angestellt, wohl, wie ich glaube, das, was von der Unterwelt erzählt wird, für unwahr erachtend: daß die Bösen von den Guten getrennt in verschiedenen Bezirken scheußliche, verwilderte, häßliche und schreckliche Striche bewohnen. Deshalb stellte er den Antrag, ihr Geld einzuziehen, sie selbst in den Landstädten in Haft zu halten. Natürlich aus Furcht, wenn sie in Rom wären, könnten sie von den Verschwörergenossen oder einer gemieteten

51

Bande gewaltsam befreit werden. Gerade als ob es Böse und Verbrecher nur in der Stadt und nicht durch ganz Italien hin gäbe oder die Kühnheit nicht dort mehr vermöchte, wo die Macht zur Verteidigung geringer ist! Darum ist dieser Plan fürwahr töricht, wenn er Gefahr von ihnen fürchtet; wenn er aber bei einer so großen allgemeinen Besorgnis als einziger nichts fürchtet, ist es um so wichtiger, daß ich für mich und euch fürchte. Deshalb haltet es, wenn ihr über Publius Lentulus und die übrigen befindet, für gewiß, daß ihr zugleich über das Heer Catilinas und alle Verschwörer eure Entscheidung trefft! Je energischer ihr das betreibt, um so schwächer wird deren Mut sein; wenn sie euch nur ein wenig schlaff sehen, werden alle mit Wildheit nahen.

Glaubt nicht, daß unsere Vorfahren den Staat mit Waffengewalt aus einem kleinen zu einem großen gemacht haben. Wenn es so wäre, so würden wir ihn bei weitem im schönsten Stande haben; wo wir doch eine größere Fülle von Bundesgenossen und Bürgern, zudem von Waffen und Rossen haben als sie. Sondern anderes ist es gewesen, was jene groß machte, was wir nicht besitzen: daheim Tätigkeit, draußen gerechte Herrschaft, ein Sinn, beim Beraten unabhängig und keinem Vergehen und keiner Leidenschaft verfallen. Statt dessen haben wir Verschwendungssucht und Habgier, im Staate Armut, zu Hause Üppigkeit. Wir loben den Reichtum, hängen aber der Trägheit nach. Zwischen Guten und Schlechten ist kein Unterschied, alle Belohnungen für Tüchtigkeit hat üble Ehrsucht in Besitz. Und so ist es kein Wunder: da ihr jeder für seine eigenen Belange gesondert eure Pläne faßt, da ihr daheim Sklaven eures Vergnügens, hier des Geldes und eurer Verbindungen seid, daher kommt es, daß ein

Angriff auf das herrenlose Gemeinwesen gemacht werden kann.

Aber ich lasse das. Es haben sich hochadlige Mitbürger verschworen, die Vaterstadt in Flammen aufgehen zu lassen; den Stamm der Gallier, den größten Feind des römischen Namens, rufen sie zum Kriege herbei; der Führer der Feinde ist mit einem Heer über euren Häuptern. Da zaudert ihr auch jetzt noch und schwankt, was ihr mit Feinden, die ihr innerhalb der Mauern ergriffen habt, machen sollt? Erbarmt euch, meine ich – vergangen haben sich junge Leute aus Ehrgeiz! –, und entlaßt sie, noch dazu bewaffnet! Daß sich euch eure Milde und euer Mitleid, wenn sie die Waffen ergriffen haben, nur nicht in Leid verwandelt! Natürlich, die Sache an sich ist gefährlich, aber ihr fürchtet sie nicht. Doch, sehr sogar! Aber aus Lässigkeit und Weichheit des Herzens wartet ihr einer auf den anderen und zaudert, offenbar im Vertrauen auf die unsterblichen Götter, die diesen Staat oft schon in den größten Gefahren bewahrt haben. Nicht durch Gelübde und weibisches Flehen wird die Hilfe der Götter erworben; wenn man wachsam ist, handelt, richtig zu Rate geht, geht alles günstig aus. Wofern du dich der Trägheit und Feigheit überläßt, flehst du umsonst wohl die Götter an: sie sind zornig und feindselig. Bei unseren Vorfahren ließ Aulus Manlius Torquatus im Gallierkrieg seinen Sohn, weil der wider den Befehl gegen den Feind gekämpft hatte, töten, und jener außerordentliche Jüngling büßte für seine unbeherrschte Tapferkeit mit dem Tode; ihr zaudert, was ihr über die grausamsten Hochverräter verhängen sollt? Offenbar steht ihr früheres Leben im Widerspruch zu diesem Verbrechen. Aber: schont die Würde des Lentulus, wenn er selbst je seine Reinheit, seinen Ruf, wenn er je Götter oder Menschen schonte. Verzeihet der Jugend des Cethegus, wenn er nicht zum zweitenmal dem Vaterland den Krieg bereitete! Denn was soll ich über Gabinius, Statilius, Caeparius reden? Wenn ihnen je etwas von Belang gewesen wäre, hätten sie nicht diese Pläne gegen den Staat gehabt! Endlich, Senatoren und Beigeordnete: bei Gott, wenn noch die Zeit wäre für einen Fehler, würde ich leicht zulassen, daß ihr durch die Sache selbst belehrt werdet, da ihr Worte ja gering schätzt. Aber wir sind von allen Seiten umstellt. Catilina sitzt uns mit einem Heer an der Kehle. Andere Feinde sind innerhalb der Mauern und im Herzen der Stadt; im stillen läßt sich nichts dagegen rüsten und beraten. Um so mehr muß man eilen.

Deshalb meine ich so: da durch den ruchlosen Plan verbrecherischer Bürger der Staat in größte Gefahren gekommen ist und diese durch die Anzeige des Titus Volturcius und der Gesandten der Allobroger überführt und geständig sind, Mord, Brand und andere scheußliche und grausame Taten gegen ihre Mitbürger und das Vaterland vorbereitet zu haben, ist an den Geständigen wie an überwiesenen Schwerverbrechern nach der Sitte der Vorfahren die Todesstrafe zu vollstrecken."

53. Als sich Cato gesetzt hatte, loben alle Konsulare und ebenso ein großer Teil des Senates seinen Vorschlag, heben sie die Mannhaftigkeit seines Geistes in den Himmel, einer schilt auf den anderen und heißt ihn ängstlich. Cato gilt als herrlich und groß. Der Senatsbeschluß wird gefaßt, wie jener beantragt hatte.

Mir aber, der ich vieles las, vieles hörte, was das römische Volk daheim und im Kriege, zu Wasser

54

und zu Lande für glänzende Taten vollbracht hat,
kam es einmal an, darauf zu achten, was wohl am
meisten solche großen Unternehmen bewältigt hätte.
Ich wußte, daß es häufig mit einer kleinen Schar
gegen gewaltige Massen der Feinde gefochten hatte;
ich erkannte, daß mit geringen Kräften gegen mächtige Könige Krieg geführt worden war; dazu, daß
es häufig den Ansturm des Schicksals ertragen hatte;
daß an Beredsamkeit die Griechen, an Kriegsruhm
die Gallier die Römer übertroffen hatten. Und nach
vielen Überlegungen festigte sich mir die Meinung,
daß die ungewöhnliche Tatkraft weniger Bürger
alles zustande gebracht hat und daß es darum ge-
schah, daß Armut den Reichtum, geringe Zahl die
Masse überwand. Nachdem aber das Volk durch
Üppigkeit und Schlaffheit verdorben worden war,
hielt wiederum der Staat durch seine Größe den
Fehlern der Heerführer und Beamten stand. Und
wie wenn die Gebärkraft erschöpft gewesen wäre,
war in langen Zeiten keiner in Rom groß durch
Tatkraft. Zu meinen Lebzeiten aber waren von un-
geheurer Tatkraft, aber verschiedener Art zwei
Männer, Marcus Cato und Gaius Caesar. Da der
Zusammenhang sie uns in den Weg führte, habe ich
nicht die Absicht, ruhig vorbeizugehen, ohne ihre
Natur und ihren Charakter, soweit ich es mit meinen Fähigkeiten vermag, zu enthüllen.

54. Nun, ihre Herkunft, ihr Alter, ihre Beredsamkeit waren fast gleichrangig, die Großheit des
Geistes dieselbe, ebenso der Ruhm, aber jedem in
anderer Weise. Caesar galt als groß infolge seiner
Spenden und Freigebigkeit, Cato wegen der Unbe-
scholtenheit seines Lebens. Jener wurde durch Milde
und Mitleid berühmt, diesem hatte die Strenge Würde verliehen. Caesar erlangte Ruhm durch Geben,

Helfen, Verzeihen; Cato durch Kargheit. In dem einen fanden die Unglücklichen ihre Zuflucht, in dem anderen die Bösen ihr Verderben. An jenem wurde seine Leutseligkeit, an diesem seine Beherrschung gelobt. Endlich hatte es Caesar sich zum Grundsatz gemacht, tätig und wachsam zu sein, um die Geschäfte der Freunde bemüht die eigenen hintanzusetzen, nichts abzuschlagen, was eines Geschenkes würdig wäre; für sich wünschte er große Macht, ein Heer, einen neuen Krieg, wo seine Tatkraft aufstrahlen könnte. Cato aber richtete sein Streben auf Maßhalten, Anständigkeit, ganz besonders aber auf Strenge; mit dem Reichen wetteiferte er nicht um Reichtum und nicht mit dem Parteimann in Machtkämpfen, sondern mit dem Wackeren um Manneswert, mit dem Maßvollen um Zucht, mit dem Unbescholtenen um Selbstlosigkeit; er wollte lieber gut sein als scheinen. Je weniger er daher den Ruhm suchte, um so mehr folgte er ihm.

55. Nachdem, wie ich sagte, der Senat für den Antrag Catos gestimmt hatte, hält es der Konsul für besonders tunlich, der Nacht, die bevorstand, zuvorzukommen, daß in diesem Zeitraum nichts unternommen würde, und heißt die Dreimänner, was für die Hinrichtung gefordert war, vorbereiten. Er selbst verteilt Posten und geleitet Lentulus in den Kerker; dasselbe geschieht mit den übrigen durch die Prätoren.

Im Gefängnis gibt es einen Raum, Tullianum geheißen, wenn man ein wenig zur Linken emporsteigt, ungefähr zwölf Fuß unter der Erde. Ihn verwahren rings Mauern und darüber ein Gewölbe, das von Steinbögen gehalten ist. Durch Verwahrlosung, Finsternis, Geruch aber ist sein Aussehen scheußlich und gräßlich. Nachdem Lentulus in diesen Raum herabgelassen worden war, brachen die Henker, denen es befohlen war, ihm mit dem Strang den Hals. So fand jener Patrizier aus dem hochberühmten Geschlecht der Cornelier, der in Rom die Stellung des Konsuls innegehabt hatte, ein seines Charakters und seiner Taten würdiges Ende. An Cethegus, Statilius, Gabinius, Caeparius wurde auf gleiche Weise die Todesstrafe vollstreckt.

56. Während dieses sich in Rom ereignete, stellt Catilina aus der gesamten Truppenmasse, die er selbst mitgebracht und die Manlius schon gehabt hatte, zwei Legionen zusammen und füllt die Kohorten entsprechend der Zahl seiner Soldaten auf. Danach hatte er, wie jeweils Freiwillige oder welche von den Anhängern ins Lager gestoßen waren, sie gleichmäßig verteilt und in kurzer Zeit die Legionen zahlenmäßig aufgefüllt, während er anfangs nicht mehr als 2000 Mann gehabt hatte. Indes, von der ganzen Menge war nur ungefähr ein Viertel mit vorschriftsmäßigen Waffen versehen; die übrigen trugen, wie der Zufall jeden bewaffnet hatte, Speere oder Lanzen, andere auch angespitzte Pfähle. Als aber Antonius mit seinem Heere heranrückte, nahm Catilina seinen Marsch durch die Berge, verschob sein Lager bald auf Rom zu, bald gegen Gallien hin, gab den Feinden nicht die Gelegenheit zum Kampfe. Er hoffte, nächstens gewaltige Truppenmassen zu haben, wenn in Rom seine Genossen ihr Beginnen ausgeführt hätten. Derweil wies er die Sklaven zurück, wovon ihm anfangs große Scharen zuströmten, im Vertrauen auf die Machtmittel der Verschwörung und zugleich in der Ansicht, es scheine seinen Plänen abträglich, die Sache der Bürger mit entlaufenen Sklaven geteilt zu haben.

57. Als indes ins Lager die Botschaft kam, in Rom sei die Verschwörung entdeckt, an Lentulus und Cethegus und den anderen, die ich oben erwähnt, sei die Todesstrafe vollstreckt worden, da verlaufen sich die meisten, die Hoffnung auf Raub oder Lust an Umsturz zum Krieg verlockt hatten. Den Rest führt Catilina durch rauhes Gebirge in Eilmärschen weg ins Gebiet von Pistoria in der Absicht, auf Schleichwegen heimlich nach dem jenseitigen Gallien zu entkommen. Aber Quintus Metellus Celer hatte mit drei Legionen im Gebiet von Picenum Posten bezogen, weil er in Betracht der schwierigen Lage rechnete, Catilina habe gerade das vor, was wir eben ausgeführt. Sobald er also durch Überläufer seine Marschrichtung in Erfahrung gebracht hatte, brach er eilends auf und bezog Stellung direkt am Fuß des Gebirges, wo dieser, wenn er nach Gallien wollte, herabsteigen mußte. Jedoch war auch Antonius nicht weit weg, da er ihm mit einem großen Heere auf ebeneren Wegen kampffertig auf der Flucht nachsetzte. Als Catilina indes sieht, daß er durch das Gebirge und die Truppen der Feinde eingeschlossen ist, daß in Rom die Lage sich gegen ihn gewendet hat, keine Hoffnung auf Flucht oder Hilfe besteht, hält er es für das beste, das Kriegsglück zu erproben, und beschließt, sich sobald wie möglich mit Antonius zu schlagen. Daher versammelte er sein Heer und hielt eine Rede folgenden Inhalts:

58. „Ich weiß aus Erfahrung, Soldaten, daß Worte nicht Tapferkeit verleihen können und daß aus einem schwächlichen Heer ein tüchtiges, ein tapferes aus einem ängstlichen durch die Rede des Feldherrn nicht werden kann. Wie viel im Herzen eines jeden Kühnheit von Natur oder Gewöhnung ruht, so viel pflegt sich auch im Krieg offen zu zeigen. Wen

Ruhm und Gefahren nicht reizen, den dürfte man ohne Erfolg anfeuern: die Furcht des Herzens verstopft das Ohr.

Ich habe euch aber zusammengerufen, um euch an einiges zu erinnern, zugleich um die Gründe für meinen Entschluß bekanntzugeben. Ihr wißt, Soldaten, was für Schaden die Lässigkeit und Feigheit des Lentulus ihm selbst und uns gebracht hat und wie ich, da ich auf Hilfe aus der Stadt wartete, nicht habe nach Gallien aufbrechen können. Wo jetzt aber unsere Dinge stehen, durchschaut ihr alle so wie ich. Uns gegenüber stehen zwei feindliche Heere, eines in der Richtung der Stadt, das andere nach Gallien zu, uns länger in dieser Gegend hier aufzuhalten, wenn es noch so sehr der Wille ertragen wollte, verbietet der Mangel an Brot und anderen Dingen; wo wir hinwollen, wir müssen uns mit dem Schwert einen Weg bahnen. Deshalb rufe ich euch zu, tapferen und entschlossenen Sinnes zu sein und, wenn ihr in den Kampf geht, nicht zu vergessen, daß ihr Reichtum, Ehre, Ruhm, zudem Freiheit und Vaterland in eurer Rechten tragt. Siegen wir, ist alles für uns gerettet: reichlich Verpflegung, Landstädte und Kolonien werden uns offenstehen; wenn wir aus Furcht weichen, wird das gleiche uns widrig sein und kein Platz, kein Freund wird den schützen, den die Waffen nicht beschützt haben.

Außerdem, Soldaten, nicht der gleiche Zwang steht über uns und ihnen: wir streiten für das Vaterland, für die Freiheit, für unser Leben, denen scheint es höchst überflüssig, für die Macht weniger zu kämpfen. Um so kühner greift sie an, eingedenk eurer alten Mannhaftigkeit. Es stand euch frei, in höchster Schande in der Verbannung euer Leben zu verbringen, ihr hättet zum Teil nach Verlust eurer

Güter in Rom auf fremde Macht hoffen können. Weil das häßlich und unerträglich für Männer schien, habt ihr beschlossen, diesen Weg zu gehen. Wenn ihr ihn wieder verlassen wollt, bedarf's der Kühnheit: nur der Sieger hat je Krieg in Frieden eingetauscht. Denn in der Flucht das Heil zu erhoffen, wenn du die Waffen, wodurch der Leib gedeckt ist, von den Feinden wegwendest, das ist vollends Wahnsinn. Immer sind im Kampf die in größter Gefahr, die am meisten Angst haben; Kühnheit gilt soviel wie eine Mauer.

Wenn ich euch ansehe, Kriegsmänner, und wenn ich eure Taten erwäge, erfüllt mich große Hoffnung auf Sieg. Euer Mut, euer Alter, eure Mannhaftigkeit machen mich getrost, zudem der Zwang, der auch Ängstliche tapfer macht. Denn daß die Übermacht der Feinde uns nicht umstellen kann, dafür sorgt die Enge des Platzes. Wenn aber das Schicksal eurer Tapferkeit übelwill, so hütet euch, ungerächt euer Leben aus der Hand zu geben und euch gefangennehmen und wie das Vieh abschlachten zu lassen, statt nach Männerart zu kämpfen und dem Feind nur einen blutigen und klagereichen Sieg zu überlassen."

59. Als er dies gesagt hatte, hält er ein Weilchen inne, läßt dann die Signale blasen und führt die Reihen geordnet in die Ebene herab. Darauf läßt er aller Pferde beiseite bringen, auf daß die Soldaten, nachdem so die Gefahr gleich verteilt war, größeren Mut hätten; selbst zu Fuß, läßt er das Heer dem Gelände und ihrer Stärke entsprechend sich aufstellen. Denn wo eine Ebene sich zwischen dem Gebirge zur Linken und einem schroffen Felsen zur Rechten erstreckte, stellt er acht Kohorten in die vordere Reihe, die Feldzeichen der übrigen stellt er in der

Reserve enger zusammen. Aus ihnen führt er alle Centurionen, auserlesene altgediente Leute, außerdem von den gemeinen Soldaten die besten, die ordnungsgemäß bewaffnet waren, heraus in das vordere Treffen. Gaius Manlius heißt er auf dem rechten, einen Mann aus Faesulae auf dem linken Flügel den Befehl zu führen. Selber stellt er sich mit seinen Freigelassenen und den Siedlern neben dem Adler auf, den Gaius Marius im Cimbernkrieg in seinem Heer mitgeführt hatte, wie es hieß.

Auf der Gegenseite jedoch überläßt Gaius Antonius, weil er fußkrank dem Kampfe nicht beiwohnen konnte, dem Legaten Marcus Petreius das Heer. Dieser stellt die altgedienten Kohorten, die er des Aufstandes wegen aufgeboten hatte, in die erste Reihe, hinter ihnen das übrige Heer in Reserve. Selber reitet er umher, nennt einen jeden beim Namen, spricht sie an, ermutigt sie, bittet sie, daran zu denken, daß sie gegen unbewaffnetes Raubgesindel für Vaterland, für ihre Kinder, für Altäre und Herde stritten. Als alter Soldat kannte er, weil er mehr als dreißig Jahre als Tribun, Präfekt, Legat und Prätor mit großem Ruhm im Heer gedient hatte, die meisten selber und ihre Heldentaten. Durch die Erinnerung an sie entflammt er den Mut der Soldaten.

60. Petreius läßt nach erfolgter Aufklärung mit der Tuba das Signal geben und die Kohorten allmählich vorrücken. Dasselbe tut das Heer der Feinde. Nachdem man so weit gekommen war, daß der Kampf von den Schützen begonnen werden konnte, stürzen sie unter großem Geschrei mit entgegenstürmenden Feldzeichen aufeinander los, sie lassen die Wurfspieße, der Kampf wird mit den Schwertern ausgefochten. Die Veteranen, ihrer alten Tapferkeit

eingedenk, dringen im Nahkampf hitzig vor, jene leisten mutig Widerstand, mit größter Kraft wird gestritten. Währenddessen schlägt sich Catilina mit einer leichtbeweglichen Schar im ersten Treffen, kommt in Bedrängnis zu Hilfe, ruft frische Kräfte statt der verwundeten herbei, trifft gegen alles Vorsichtsmaßregeln, kämpft viel selbst, trifft häufig den Feind: er verrichtete zugleich die Aufgaben eines tüchtigen Soldaten und eines guten Feldherrn. Da Petreius sieht, daß Catilina, anders als erwartet, mit aller Kraft kämpft, führt er die Leibgarde mitten in die Feinde hinein und macht sie nieder, während sie in Verwirrung sind und der eine hier, der andere dort Widerstand zu leisten versucht. Darauf greift er die übrigen auf beiden Seiten von der Flanke her an. Manlius und der Mann aus Faesulae fallen kämpfend unter den ersten. Als Catilina sieht, daß seine Gruppen geworfen sind und er mit wenigen übrig ist, stürzt er sich eingedenk seiner Herkunft und seiner früheren Stellung mitten in das dichteste Getümmel der Feinde und wird dort kämpfend durchbohrt.

61. Indes, nachdem der Kampf vollendet war, da erst hättest du sehen können, welche Kühnheit und welche Willenskraft im Heere Catilinas geherrscht hatten. Denn welchen Platz ein jeder lebend im Kampfe sich gewählt hatte, den deckte er fast durchweg nach Verlust des Lebens mit seinem Leibe. Wenige aber, die in der Mitte die Schutzkohorte auseinandergesprengt hatte, waren etwas zerstreuter, aber doch alle mit Wunden in der Brust gefallen. Catilina vollends wurde weit von den Seinen entfernt zwischen Leichen von Feinden aufgefunden, noch ein wenig atmend und den Trotz seines Geistes, den er lebend gehabt hatte, noch im Aus-

druck bewahrend. Endlich wurde von der ganzen Masse weder im Kampf noch auf der Flucht ein freigeborener Bürger gefangengenommen: so hatten alle ihr Leben so wenig wie das der Feinde geschont. Jedoch auch das Heer des römischen Volkes hatte keinen frohen und unblutigen Sieg errungen. Denn die Tüchtigsten waren im Kampf gefallen oder waren schwer verwundet aus dem Kampfe hervorgegangen. Viele aber, die aus dem Lager aus Neugier oder der Beute wegen herausgekommen waren, drehten die Leichen der Feinde herum und fanden so manche einen Freund, ein Teil einen Bekannten oder Verwandten. Es gab auch welche, die ihre Feinde erkannten. So herrschte durch das ganze Heer hin wechselnd Freude, Trauer, Jammern und Ausgelassenheit.

ANMERKUNGEN

2 Kyros, der erste König der Perser, der Astyages, den König der Meder, und Kroisos, den König der Lyder, besiegte (gest. 529 v. Chr.).

5 Lucius Sulla, vornehmer Patrizier aus dem Geschlecht der Cornelier, geb. 138 v. Chr., zeichnete sich zuerst als Quästor unter Marius im Jugurthinischen Krieg aus (107), errang 83 nach dem Sieg über die Partei des Marius (gest. 86) die Alleinherrschaft. Nach furchtbaren Proskriptionen (Ächtung seiner Gegner) festigte er durch Gesetze das Senatsregiment. 79 trat er freiwillig von der Macht – er war Diktator ohne Befristung – zurück und starb 78 auf seinem Landgut.

8 *ingenium nemo sine corpore exercebat* soll heißen, daß die Römer zugleich tätig, vor allem im Kriege tätig waren, nicht etwa den Griechen das Ideal der Kalokagathie absprechen, in dem ja auch beides untrennbar verbunden ist.

13 *maria constrata.* Es wurden Dämme ins Meer gebaut, auf denen man Häuser errichtete oder mit denen man Fischteiche abtrennte. Velleius, der Zeitgenosse und Offizierskamerad des Arminius, berichtet, daß Pompeius den Lucullus deshalb einen Xerxes in der Toga nannte. Man empfand es als Frevel, der Natur Gewalt anzutun, und als ein Übersteigen der menschlichen Grenzen (2,33).

15 *cum sacerdote Vestae.* Es war Fabia, die Stiefschwester von Ciceros Frau Terentia. Sie und Catilina waren 73, also 10 Jahre vor der Verschwörung angeklagt, aber auf Betreiben des Q. Lutatius Catulus freigesprochen worden, des Konsuls von 78, an den Catilina den Brief Kap. 35 schreibt. Er war einer der angesehensten Männer der Zeit, ein Feind Caesars, vor allem, weil er bei der Bewerbung um die höchste Priesterwürde ihm im Jahre 63 unterlag (vgl. Kap. 49).

17 Die Mitglieder der Verschwörung waren vornehme und höchstgestellte Leute, P. Lentulus Sura war 71 Konsul gewesen und 70 aus dem Senat gestoßen worden, P. Autro-

nius Paetus, ein Schulkamerad Ciceros, mit ihm zusammen Quästor gewesen (75), L. Cassius Longinus mit Cicero 66 Prätor, Mitbewerber ums Konsulat 63, die Sullae waren Verwandte des Diktators, Vargunteius war wegen *ambitus* angeklagt und von dem berühmten Rivalen Ciceros, Hortensius, mit Erfolg verteidigt worden, L. Bestia war der Enkel des Konsuls, der den Jugurthinischen Krieg begann. Über die anderen ist weniger oder nichts bekannt.

Kolonien, Städte von römischen Bürgern außerhalb Roms, die in Rom ihr volles Bürgerrecht ausüben konnten, anfangs militärische Stützpunkte, dann Ansiedlungen der entlassenen großen Heere der Revolutionszeit.

Crassus, der Reiche, geb. 115, besiegte 71 Spartacus, Konsul 70 zusammen mit Pompeius, gehörte mit Caesar und Pompeius zum 1. Triumvirat. Nach der Zusammenkunft von Lucca (56) wurde Crassus 55 mit Pompeius Konsul. Als Prokonsul von Syrien unterwarf er Mesopotamien, wurde aber 53 von den Parthern bei Carrhae besiegt und getötet.

18 *L. Tullo et M'. Lepido cons.* 66 v. Chr. Uns ist eine Rede erhalten, in der diesen Publius Sulla – s. zu 17 – Cicero gegen die Anschuldigung, an der Verschwörung des Jahres 63 teilgehabt zu haben, verteidigt.

Die beiden Spanien *citerior* und *ulterior*, später *Tarraconensis* und *Baetica* genannt. Die Nordküste wurde erst unter Augustus erobert.

20 *tetrarcha* eigentlich Fürst eines der vier Gaue, in die ein Gebiet wie etwa Thessalien oder Galatien geteilt war, dann überhaupt kleinerer Fürst im Unterschied zum König.

21 P. Sittius Nucerinus aus Nuceria in Kampanien, war später Führer eines Söldnerheeres in Mauretanien. Cicero erklärte ihn in seiner Rede für Sulla für unschuldig, was aber nichts zu beweisen braucht. Als Söldnerführer hat er mit Sallust im afrikanischen Krieg 46 mitgekämpft und von Caesar zum Lohn Cirta als Fürstentum erhalten.

22 *Ciceronis invidiam.* Cicero rechnete selbst damit, daß die Tötung so vornehmer Bürger viel böses Blut machen würde und daß deshalb viele, die mit Catilina in Beziehung standen, ihn später angreifen würden. Deshalb sein ängstliches

Bemühen, ganz den Gesetzen entsprechend zu verfahren. Es kann keinem Zweifel unterliegen, daß die Hinrichtung der Catilinarier gesetzmäßig war und daß Ciceros energisches Handeln noch einmal den Staat rettete, wenn es auch nur die Krankheitserscheinungen kurierte, nicht die Krankheit selbst. Die Verschwörer in ihrer Verbindung mit dem zum Staatsfeind erklärten Catilina hatten das Recht verwirkt, sich auf das Porcische Gesetz (um 200) zu beziehen, nach dem (oder eigentlich denen: es gab drei) Geißelung und Hinrichtung eines römischen Bürgers ohne Bestätigung des Urteils durch die Volksversammlung verboten war.

25 *Sempronia*, eine Frau aus vornehmstem Hause. Sie war mit dem Konsul des Jahres 77, Decimus Iunius Brutus, verheiratet.

26 *pactione provinciae.* Die Konsuln übernahmen im Jahr nach ihrem Amt als Prokonsuln die Verwaltung einer Provinz. Für 62 waren das cisalpinische Gallien und Mazedonien bestimmt. Obwohl das Los so fiel, daß Cicero Mazedonien bekommen sollte, trat er diese Provinz, in der man sich reich machen konnte, an Antonius ab.

31 *lex Plautia de vi* gegen Leute, die die öffentliche Ordnung durch Gewaltanwendung störten. Der Prozeß, der von L. Aemilius Paulus, Konsul 50, angestrengt war, wurde durch die Ereignisse überholt.

oratio luculenta. Sie liegt uns in der ersten Catilinarischen Rede Ciceros vor. Sie beginnt mit den berühmten Worten: *Quo usque tandem abutere, Catilina, patientia nostra?* Uns sind vier Reden erhalten, die Cicero in dieser Sache hielt. Diese Reden, im Jahre 60 in einer Sammlung der Reden seines Konsulats veröffentlicht, sind freilich in der uns erhaltenen Form überarbeitet. Sallust erwähnt nur die erste, die eine praktische Folge hatte.

inquilinus ein Mieter im Unterschied zum Hausherrn, boshaft von dem adelsstolzen Catilina dem Manne aus Arpinum, obwohl diese Stadt seit 303 das Bürgerrecht besaß, vorgehalten. Man sieht, wie schwierig es für einen, der nicht zu den adligen Geschlechtern in Rom gehörte, war, sich Gleichberechtigung zu erkämpfen, wenn ein Mann wie Catilina den amtierenden Konsul so anpöbeln konnte.

Es ist sonst nicht auf Abweichungen von den historischen Tatsachen hingewiesen worden, weil das zu weit führen würde. Hier möge an einem Beispiel die künstlerische Absicht Sallusts bei solchen Verschiebungen deutlich werden. Catilina hatte diese Äußerung wohl in etwas weniger wirkungsvoller Form bei einer früheren Gelegenheit getan. Sallust setzt sie in wohlberechneter Steigerung an die entscheidende Stelle, an der Catilina offen als Staatsfeind auftritt und seine Zuflucht zu den Waffen nimmt.

38 Im Jahre 70 hatte Pompeius die von Sulla den Volkstribunen genommenen Rechte wiederhergestellt und damit der Plebs die Waffe wiedergegeben, mit der sie sich gegen die Nobilität zu wehren pflegte. Im übrigen muß man sich hüten, unter *partes* oder *factiones* Parteien im heutigen Sinne mit bestimmten politischen Programmen oder einer bestimmten weltanschaulichen Ausrichtung zu sehen, ein Mißverständnis, das im vergangenen Jahrhundert Unheil in der Bewertung dieses ganzen Jahrhunderts angerichtet hat. Neuere Forschungen (von Münzer und Gelzer) haben gezeigt, daß sich die Nobilität in bestimmte Familien mit einem traditionellen Anhang spaltete, die ihre Interessen verfochten *(factiones)*, bzw. daß sich bestimmte *nobiles* im Interesse der eigenen Macht zum Anwalt des Volkes machten *(partes:* hie Senatsoligarchie, da *plebs).*

40 Umbrenus, ein Freigelassener.

41 *patrocinium.* Die Vertretung der Interessen bei Senat und Volk übernahm oft der Feldherr, der sie unterworfen hatte, und vererbte sie auch weiter.

43 *in agrum Faesulanum* scheint korrupt zu sein.

45 *ponte Mulvio* die nördlichste Tiberbrücke, über die die *via Flaminia* führt.

46 *aedes Concordiae.* Der Tempel der Concordia, der Eintracht des Staates, befand sich am kapitolinischen Hügel im Angesicht des Forums.

47 Der Brand des Kapitols im Jahre 83 hatte auch die Sibyllinischen Bücher, Weissagebücher, die der römische Staat in Notlagen um Rat fragte, vernichtet. Man hatte dann eine Reihe dieser Weissagungen aus allen Teilen der Welt wieder

gesammelt und sie von neuem aufbewahrt. Außerdem aber liefen eine ganze Reihe unkontrollierbarer Weissagungen um, denen das Volk gläubig anhing, wie ja überhaupt in dieser aufgeregten Zeit, wie oft, der Glaube an Übernatürliches und Okkultes mächtig ins Kraut schoß. – *haruspices* die Eingeweidebeschauer.

Lentulus mußte erst sein Amt niederlegen, weil er als Beamter unantastbar war. Cicero hütete sich, einen Fehler zu machen, den Marius einmal begangen hatte, als er einen Prätor töten ließ.

Lentulus Spinther, Konsul 57, setzte sich für die Rückberufung Ciceros aus der Verbannung ein. Cornificius hatte sich mit Cicero ums Konsulat beworben.

48 *uti referatur* nämlich vom Konsul, der Konsul trug den Gegenstand vor und schloß mit der Frage *de ea re quid fieri placet?* Damit begann er den zweiten Teil der Verhandlung, das *rogare sententias* oder *consulere senatum*.

49 Gaius Calpurnius Piso, Konsul 67, 66/65 Prokonsul der Provinz Gallia Narbonensis. Als ihn 63 die Allobroger *repetundarum* verklagten, eine Klage, in der für die in der Amtsführung widerrechtlich erpreßten Gelder Schadenersatz verlangt wurde, belangte ihn Caesar als Patron der Gallia transpadana (der Poebene) wegen der Tötung eines Mannes dieser Provinz.

50 Tiberius Claudius Nero der Großvater des Kaisers Tiberius.

51 *bello Macedonico* 171-168. Aemilius Paulus besiegte 168 bei Pydna Perseus. Das Jahr ist bedeutungsvoll für die römische Geschichte, weil Rom damit nach der östlichen Hälfte des Mittelmeeres übergriff. Für die Rhodier hatte sich der alte Cato eingesetzt, derselbe, der dann unerbittlich für die Zerstörung Karthagos war, obwohl man die Argumente, die er für die Rhodier geltend gemacht hatte, gegen ihn wandte.

quae legibus comparata sunt. Bedenkt man die ängstliche Vorsicht, mit der man hier gegen Hochverräter vorgeht, versteht man, wie Joseph Vogt, Cicero und Sallust über die Catilinarische Verschwörung (Auf dem Wege zum nationalpolitischen Gymnasium 1938), zu dem Urteil kommt, man gewönne aus den Schriften Ciceros und Sallusts die Geschichte einer Regierung, die über der Wahrung der Verfassung nahezu den Staat preisgab.

Die *lex Porcia* – s. zu 22 – verbot, einen römischen Bürger unter Mißachtung seines Berufungsrechtes an die Volksversammlung *(provocatio ad populum)* zu töten oder zu geißeln. *triginta viros*, die Herrschaft der Dreißig, 404-403 v. Chr., die mit der Wiederherstellung der Demokratie unter dem Archon Eukleides endet.

52 M. Porcius Cato, ein Nachfahr des alten Cato, damals 32 Jahre alt und designierter Volkstribun. Begeht aus Schmerz über den Untergang der alten *res publica* im Jahre 46 in Utica Selbstmord (daher der Beiname Uticensis).
Die Erinnerung an die Zeit, als die Gallier Rom einnahmen und die Römer an der Allia (390) schlugen, ist im Volksbewußtsein bewahrt geblieben.
Titus Manlius Torquatus ließ seinen Sohn 340 im Krieg gegen die Latiner töten, den er, zum drittenmal Konsul, zu führen hatte. *Gallico* (im Text steht: im Krieg gegen die Gallier) und *A.* ist wohl ein Irrtum des Sallust.

55 *in carcere.* Der angeblich von dem König Ancus Marcius gebaute *carcer Mamertius*, das Staatsgefängnis, lag am Fuße des Kapitols.

59 Mit den Freigelassenen und Siedlern. Manche ändern in: *calonibus* Troßknechte. Man kann aber *colonis* wohl verstehen; wie die andern ihre Sklaven und Freigelassenen, so hatte Catilina auch die Pächter seiner Besitzungen aufgeboten, die von ihm abhängig waren. Ebenso möglich ist die Ansicht Ernouts, daß es sich um die angesiedelten Veteranen Sullas handelt. Nur befremdet dann die Stellung hinter den Freigelassenen.
Marcus Petreius kämpfte später als General unter Pompeius gegen Caesar in Spanien und Afrika und tötete sich nach der Schlacht von Thapsus (46) selbst.

60 Leibgarde. Es handelte sich um eine Kohorte auserlesener Legionäre, die den Konsul oder den Feldherrn schützten. In der Kaiserzeit wurde daraus eine ständige Einrichtung zum Schutze des Kaisers.

LITERATURHINWEISE

Ausgaben

C. Sallustius Crispus, *Catilinae coniuratio – Bellum Iugurthinum – Orationes et epistulae excerptae de Historiis – Epistulae ad Caesarem senem.* Textbearbeitung von H. Haas und E. Römisch, Einleitungen von M. Gelzer. 4. durchgesehene Auflage, Heidelberg 1959. (Heidelberger Texte 8)

Salluste, *Catilina, Iugurtha, Fragments des Histoires.* Texte établi et traduit par A. Ernout. 5ᵉ éd., Paris: Budé 1962.

C. *Sallustii Crispi Catilina, Iugurtha, Fragmenta ampliora,* post A. W. Ahlberg edidit A. Kurfess. ed. stereotypa cum add. et corr., Leipzig: Teubner 1964.

Bibliographien

H. Dieterich, *Sallust.* Auswahlbericht über die Literatur 1945 bis 1956. In: Gymnasium 64 (1957), S. 533 ff.

A. D. Leeman, *A systematical bibliography of Sallust* (1879 bis 1964), rev. & augm. ed., Mnemosyne Suppl. IV, Leiden 1965.

Literatur

C. Becker, *Sallust.* In: Aufstieg und Niedergang der römischen Welt. Berlin und New York 1973.

K. Büchner, *Der Aufbau von Sallusts bellum Iugurthinum.* Hermes, Einzelschr. 9, 1953.

K. Büchner, *Sallust.* Heidelberg 1960.

K. Büchner, Das „verum" in der historischen Darstellung des Sallust. In: Gymnasium 70 (1963), S. 231 ff.

K. Büchner, Nachwort zur Ausgabe: Gaius Sallustius Crispus, Zwei politische Briefe an Caesar. Lateinisch und deutsch. Stuttgart 1974. (Reclams Universal-Bibliothek Nr. 7436)

G. Carlsson, *Eine Denkschrift an Caesar über den Staat.* Lund 1936.

A. Dihle, *Zu den Epistolae ad Caesarem senem.* In: Museum Helveticum 11 (1954), S. 126 ff.

H. Drexler, *Sallust.* In: Neue Jahrbücher 4 (1928), S. 390 ff.

D. C. Earl, *The political thought of Sallust.* Cambridge 1961.

G. Funaioli, *Sallust.* In: Pauly-Wissowa, Realencyclopädie der klassischen Altertumswissenschaft I A (1920), Sp. 1913 ff.

F. Klingner, *Über die Einleitung der Historien Sallusts.* In: Hermes 63 (1928), S. 165 ff.

K. Latte, *Sallust.* Leipzig 1935 (Neue Wege zur Antike 2. Reihe, Heft 4); jetzt: Darmstadt 1962.

A. D. Leeman, *Sallusts Prologe und seine Auffassung von der Historiographie.* In: Mnemosyne (4. Serie) 7 (1954), S. 323 ff. und ed. 8 (1955), S. 38 ff.; jetzt in: Das Staatsdenken der Römer. Wege der Forschung 46, Darmstadt 1966, S. 472 ff.

V. Pöschl, *Grundwerte römischer Staatsgesinnung in den Geschichtswerken des Sallust.* Berlin 1940.

E. Schwartz, *Die Berichte über die catilinarische Verschwörung.* In: Hermes 32 (1897), S. 554 ff.; jetzt in: Gesammelte Schriften II, Berlin 1956, S. 275 ff.

W. Steidle, *Sallusts historische Monographien.* Historia, Einzelschriften Heft 3, 1958.

R. Syme, *Sallust.* Berkeley und Los Angeles 1964.

J. Vogt, *Cicero und Sallust über die Catilinarische Verschwörung.* Frankfurt a. M. 1938.

K. Vretska, *Der Aufbau des Bellum Catilinae.* In: Hermes 72 (1937), S. 202 ff.

NACHWORT

Sallusts Catilina gehört zu den Schriftwerken, die unvergänglich in jeder Zeit neu entdeckt und von anderen Seiten kennengelernt werden. Man muß ihn nach der Lektüre auf der Schule, wo der Sallust einem wohl wie ein naher Zeitgenosse schien, der nur ein wenig viel von Moral vielleicht im Stile der eben erst verflossenen moralseligen Epochen redete, in höherem Alter wieder lesen, um das Unvergleichliche seiner Leistung, die Kühnheit und illusionslose Klarheit seines Unternehmens, den pakkenden, konkreten, prägnanten, das Gewöhnliche vermeidenden, von widerstreitenden Spannungen hin- und hergerissenen, den Hörer niemals sich selbst überlassenden Stil und den künstlerischen Aufbau würdigen zu können und zu erkennen, daß hier ein Mensch bei allem sehr spürbaren Abstand der 2000 Jahre ein Werk geschaffen hat, das nicht altert, weil es den größten Gegenstand, das Schicksal eines Volkes, zum Kunstwerk erhoben hat und mit reifster menschlicher Erfahrung in die Tiefen der Menschennatur vorgestoßen ist, wo sie sich ewig gleichbleibt.

Der Verfasser der Schrift, Gaius Sallustius Crispus, im Todesjahr des Marius (86 v. Chr.) in Amiternum im Sabinerland geboren, wohl aus guter Familie, hat die Bildung seiner Zeit genossen, aber nicht ernsthaft den Gedanken verfolgt, ein Geschichtsschreiber zu werden: die Politik zog ihn mit Macht in ihren Bann; der ehrgeizige junge Mann suchte wie die meisten dieser Zeit, die einen Anspruch zu haben glaubten, in den Parteikämpfen des sich zerfleischenden Staates emporzukommen. Er hat sich dabei, wie üblich und notwendig, einem der führenden Männer angeschlossen. Es war, wie jüngst erkannt werden konnte, zunächst der Triumvir M. Crassus. Wie er sich während seiner Quästur, dem Amt, das den Zugang zum Senat erschloß, verhalten hat, können wir daraus nur erschließen, als Tribun im Jahre 52 hat er mittelbar für Caesar, d. h. gegen die Nobilität Stellung genommen. Zwei uns erhaltene Briefe an Caesar, politische Broschüren, vor Beginn des Bürgerkrieges und nach dem Sieg, zeigen, daß er sein Schicksal mit dem Caesars verknüpft hatte, in ihm die einzige Rettung für den scheinbar dem Chaos zurasenden Staat sah. Die Parteinahme für Caesar, kaum ein Ehebruch, wie überliefert wird, war der Grund, daß Sallust im Sommer des Jahres 50 vom Zensor Appius Claudius aus dem Senat und damit aus der normalen politischen Laufbahn gestoßen wurde. Caesar verwendete ihn in den folgenden Jahren als Führer eines Truppenkommandos in Illyrien (49), dann erhielt er den Auftrag (Ende 47), in Kampanien eine Meuterei der Legionen, die für den Afrikafeldzug Caesars im folgenden Jahre bestimmt waren, niederzuschlagen. Beide Male hatte er keinen Erfolg. Immerhin rehabilitierte ihn Caesar, er wurde Prätor und konnte so seine politische Laufbahn wiederaufnehmen. Im Afrikafeldzug Caesars (46) trug er durch eine Unternehmung gegen die Insel Cercina in der Kleinen Syrte, wie die Historiker urteilen, zu Caesars entscheidendem Siege mit bei. Sallust wurde daraufhin Statthalter in der neugeschaffenen Provinz in Afrika. Diese Statthalterschaft hat ihm so viel eingebracht, daß er sich in Rom die berühmten „sallustischen Gärten", in Tibur eine Villa kaufen konnte. Caesar ließ ihn freisprechen, als er wegen der Art seiner Provinzverwaltung in einen Prozeß verwickelt wurde. Die Ermordung Caesars an den Iden des März 44 mußte allen seinen Hoffnungen ein Ende setzen, er zog sich aus der Politik zurück. Fortan lebte er der

Geschichtsschreibung und der Erkenntnis der Ursachen des Verfalls der römischen Herrschaft. Kein Ende war in diesem Kampfe um die Macht vorauszusehen, in dem immer wieder ein Stärkerer den erschöpften Sieger verdrängte, wie er es im Catilina schildert. Aktium, den Wendepunkt, in dem auch manche Zeitgenossen wohl nur einen dieser Bürgerkriegssiege sehen mochten, hat er nicht mehr erlebt: im Jahre 35 oder nach neuesten Forschungen 34 v. Chr. ist er gestorben.

Der Übergang aus der Politik, der er sich nicht mehr zugehörig fühlte, weil echte Leistung und menschlicher Wert (virtus), das einzig Dauernde, wie er sagt, nicht mehr selbstverständliche Anerkennung fanden, ist ihm nicht leicht geworden. Er gehörte im Grunde zu jenen Römern, die allein in der Tätigkeit für den Staat die ein Leben ausfüllende Beschäftigung eines römischen Mannes sahen, und man glaubt es dem Eifern und Verteidigen in den Vorreden zum Catilina und zum Jugurthinischen Kriege anzumerken, wie neu ihm die Erkenntnis ist, daß bei der Lage der Dinge mehr Nutzen aus seiner Geschichtsschreibung, d. h. seiner Muße – für den Römer dem „Nichtstun" –, für sein Volk entspringe als aus einer politischen Tätigkeit, wenn er sich etwa weiter an dem Treiben jener Tage beteiligt hätte. Nach römischem Empfinden konnte man ihm den Vorwurf der inertia, der Schlaffheit und Trägheit, machen, des Gegenteils von Tüchtigkeit und Fleiß. Und Sallust erkennt diese Wertung in gewisser Weise an, stellt seine Existenzform nicht etwa gleichberechtigt daneben. Nur bei der jetzigen Lage der Dinge kann man das, was der Mensch erreichen soll, nämlich sich durch Taten des Geistes dauernden und wahren Ruhm zu erwerben, nicht mehr erreichen, wenn man sich dem vergänglichen, weil nicht mehr wahrem Werte dienenden Leben der Tagespolitik widmet. Den Gedanken zu fassen, trotzdem dem Staate zu dienen,

74

auch wenn keine Aussicht auf Anerkennung besteht und um des Rechten willen, war Cicero vorbehalten geblieben. Sallust war zu sehr im Altrömischen verwurzelt, der Gedanke, Ruhm, Glanz und Anerkennung als selbstverständliche Gegenleistung der Gemeinschaft zu ernten, so stark in ihm haftend, daß er sich abwendet und zurückzieht. Freilich bleibt der Wille, dem Staate auf bessere Weise zu nützen, nämlich durch die Geschichtsschreibung. Die Gedanken aber, mit denen er diese Rechtfertigung seiner neuen Lebensform vollzieht, sind ihm in der Auseinandersetzung mit philosophischen Gedankengängen der Griechen erwachsen. So enthalten seine Vorreden eine ganz ursprüngliche – ursprünglich, weil mit ihr seine ganze Existenz steht und fällt – Philosophie aus römischen und griechischen Gedanken.

Seine Geschichtsschreibung, nach dem Tode Caesars entstanden, will nicht das Gewesene schlechthin darstellen, sie hat wie alle römische Geschichtsschreibung einen praktischen Zweck. Sie will Beispiele geben, zu Tüchtigkeit, wahrem Wert und Tapferkeit – der Römer faßt dies in dem unübersetzbaren Wort *virtus* zusammen – aufrufen. Die Geschichte ist für den Römer und das römische Volk das, was die Ahnenbilder für den Mann aus vornehmer Familie sind, die ihn anspornen, der *virtus* der Vorfahren gleichzukommen. So hat es Sallust selbst im Jugurtha schön ausgedrückt. Der Historiker ist der Verwalter der *memoria*.

Einer großen Sache ein Denkmal zu errichten und dabei dem wahren Wert zu seiner verdienten Anerkennung zu verhelfen, das ist die Absicht des Historikers Sallust. Dabei kommt es ihm nicht in erster Linie darauf an, das, was wir unter historischer Wahrheit verstehen, den richtigen zeitlich-kausalen Zusammenhang, aufzuhellen, sondern eben auf die tiefere Wahrheit. Man hat aus zeitlichen Ungenauigkeiten und Verschiebungen schließen wollen, daß Sallust aus Parteiinteresse den Zusammenhang fälsche. Das ist nicht so. Wie sollte man es dann erklären, daß er im Jugurthinischen Krieg den Mann der Nobilität, Metellus, aufs höchste rühmt, den Mann seiner Partei, Marius, auch tadelt und durchaus nicht immer im günstigen Lichte erscheinen läßt und daß er auch seinem Gegner Cicero in der vorliegenden Schrift alle Gerechtigkeit widerfahren läßt? Freilich hält seinem scharfen und eifersüchtig-wachsamen Blick kaum eine Gestalt stand, und größte *virtus* billigt er nur Caesar und Cato zu. Die zeitlichen Verschiebungen – es handelt sich in der Hauptsache um deren zwei – erklären sich alle daraus, daß Sallust künstlerisch frei schaltet und aufbaut, um das, was er als die tiefere Wahrheit des Handelns ansieht, schärfer herauszuarbeiten. Sicher ein nicht ungefährliches Verfahren, aber es läßt auch eine ungebrochene Sicherheit des Urteils erkennen, die dem Schriftsteller trotz der widersprechenden Wirklichkeit aus einer im Grunde noch ungebrochenen Moral der Gemeinschaft erwächst, auf der ja dann Augustus sein Erneuerungswerk aufbauen kann. Es bleibt also bei dem Urteil, das Augustin über Sallust gefällt hat, er sei ein *nobilitatae veritatis historicus,* ein Historiker von rühmenswerter Wahrhaftigkeit.

Er hat die römische Geschichte „stückweis" beschrieben, wie er sich ausdrückt, wie jeder des Gedächtnisses wert schien. Er begann damit, die Verschwörung des Catilina darzustellen, schrieb dann den Jugurthinischen Krieg und als letztes Werk die Historien, ein Werk, das mit dem Tode Sullas dort begann, wo der Historiker der sullanischen Zeit aufgehört hatte, Sisenna. Diese Gegenstände sind nicht zufällig gewählt. Unsere Schrift stellt den moralischen Verfall des politischen Lebens auf dem Höhepunkte dar in der großen Verbrechergestalt Catilinas, die nur in dieser korrupten Gesellschaft möglich war, der

Jugurtha zeigt den Beginn der Reaktion des Volkes gegen die korrupte Nobilität, in den Historien – daraus sind nur Reden und eine ganze Anzahl Fragmente erhalten – werden die verheerenden Folgen des sullanischen Regimentes, wie er sie in einem Exkurs unserer Schrift andeutet, breit hervorgetreten sein. Alle Werke gehen also dem einen Problem nach, wie es gekommen ist, daß der römische Staat an den Abgrund kam, dem man unaufhaltsam weiter zusteuert. Ein griechischer Historiker, Poseidonius, lehrte ihn wohl besonders, die ganze römische Geschichte in einem großen Zusammenhang zu sehen. In ihm bringt das Epochenjahr 146, das Jahr der Zerstörung Karthagos, die entscheidende Wende. Als die Furcht vor dem großen Feinde wegfiel, begannen jene Laster, die Ehrsucht und die Habsucht, *ambitio* und *avaritia*, die den Menschen und damit den Staat zugrunde richten. Hatte aber Poseidonius in Sulla alles zur alten Ordnung zurückkehren lassen, wie wir aus seiner Darstellung der Gracchen erschließen, so sieht Sallust tiefer, mit mehr Erfahrung und pessimistischer. Jenes Jahr war der Beginn eines unaufhaltsamen und unübersehbaren Verfalls. In allen drei Werken wird dieses Geschichtsbild der gesamten römischen Geschichte gemalt. In unserer Schrift gleich zu Anfang, um die Gestalt des Catilina aus dieser Schilderung zu entwickeln, im Jugurtha in einer Einlage, in den Historien in der Vorrede. Man sieht, wie wichtig ihm gerade dies Anliegen, die Erkenntnis des moralischen Verfalls, war. Und das Bild wird immer düsterer. Wird im Catilina die Vorzeit noch in goldenem Lichte gesehen, so sind die Menschen im Jugurtha vor der Zerstörung Karthagos nur aus Zwang gut, in den Historien vollends wird nach der Zerstörung Karthagos nur ein Anwachsen der Verderbnis festgestellt. Man kann wohl davon sprechen, daß Sallusts Menschenbild und damit das Bild vom Gesamtverlauf der römischen

77

Geschichte immer dunkler und verzweifelter wird. Diese
Fähigkeit aber, auf die letzten Ursachen zurückzugehen
und die römische Geschichte in einem Gesamtverlauf zu
sehen, ist etwas Neues in der römischen Geschichtsschreibung, die bis dahin immer wieder entweder die Geschichte
der Stadt von ihren Anfängen oder eine glanzvolle Epo-
che, wie den Ersten Punischen Krieg, oder Zeitgeschichte
mit bestimmter politischer Absicht dargestellt hatte.

Die vorliegende Schrift, der Catilina, ist das Erstlings-
werk des Sallust, und man meint ihm das noch an manchen Zügen anzusehen. Die Breite der Vorgeschichte mit
dem Rückgriff in die frühesten Zeiten, ein Einschub wie
der Bericht über die erste Verschwörung, Einzelschilde-
rungen und -züge wie das Bild der Sempronia oder die
Tötung des Fulvius gibt es dann in dem noch strafferen
Jugurthinischen Krieg nicht mehr. Dafür entschädigt der
Stoff in besonderer Weise, eben die Darstellung des
Höhepunktes der Zersetzung, in dem der Staat noch einmal Sieger bleibt. Aber auch der Aufbau ist kunstvoll
und überlegt, voll dramatischer Spannung. Man darf
dabei nicht einen einheitlichen Gedanken, der auch den
Aufbau von Anfang bis Ende durchformte, suchen. Es
ist vielmehr so, daß Sallusts Blick, der Sache entsprechend
und so ihr besonders gerecht werdend, zunächst auf Catilina weilt, ihn verständlich macht aus den Zuständen
des Staates, dann den Staat im Kampfe zeigt, wobei der
Blick wechselt, jeweils von Catilina auf die Maßnahmen
des Staates geht, um schließlich zum Schluß die Gestalt
des Catilina, der mit einem heldenhaften Tode sein Verbrechen sühnt, wieder hervortreten zu lassen und seine
mannhafte Art anzuerkennen, die sich in seinem Ende
zeigt und in der Sallust noch etwas von der Kraft spürt,
die einst den Staat groß gemacht hat.

So große Stilisten wie Nietzsche und Hugo von Hof-
mannsthal haben bekannt, daß ihnen bei der Lektüre

des Sallust aufgegangen sei, was Stil ist. Bei Sallust spiegelt er das immer wache Ringen um die geringste Nuance der historischen Wahrheit. Er weiß sie in seiner schon im Altertum gerühmten „göttlichen Kürze" so darzustellen, wie er es im Proömium fordert: er kommt den Taten mit den Worten gleich. Freilich fordert dieser Stil vom Leser die gleiche Wachsamkeit. Es ist wie bei einem virtuosen Komponisten, der bei jedem Ton weiß, was er spielt, und der darum auch entsprechend gehört werden muß. Nicht minder als seine Kürze ist dabei Sallusts Inkonzinnität berühmt, die sich niemals der Harmonie oder Parallelität zuliebe einem schematischen Ablauf überläßt, und seine Hintergründigkeit, die mit einer Fülle von Obertönen jedes Wort auf das Ganze einer Weltsicht bezieht. In einem solchen Falle muß der Übersetzer vor allem Treue bewahren. Besonders schwierig wird das, wenn die altertümliche Würde einer archaisierenden Stelle oder der Wechsel der Tempora vom erzählenden Vergangenheitstempus zum Präsens der Vergegenwärtigung oder auch zeitloser Feststellung, der es nur noch um das zeitüberlegene Wesentliche geht, nachzubilden ist. Es sind diese Härten – ob deren Nachbildung geglückt ist, mag der Leser entscheiden – in Kauf genommen worden, weil nur so die hellwache Denkarbeit und Darstellungskraft zutage tritt, die aus der Beschreibung eines Putschversuches ein großes Denkmal römischer Geschichte gemacht und ein zeitlos gültiges Urteil über die Gestalt dieses gewaltigen Staatsverbrechers hat fällen lassen.

Die wissenschaftlichen Arbeiten zu Sallust sind von philologischer Seite zusammengefaßt in dem Buche des Verfassers: Sallust, Heidelberg 1960, von historischer Seite von R. Syme: Sallust, Berkeley 1964. Über den Wahrheitsbegriff des Historikers Sallust und seinen Catilina als eine Revision seiner politischen Aussagen vgl. Verfasser: Studien VI, Wiesbaden 1967.

Römische Literatur – zweisprachig

IN RECLAMS UNIVERSAL-BIBLIOTHEK

Cicero, *Rede für Titus Annius Milo*. Mit dem Kommentar des Asconius. Herausgegeben von M. Giebel. 1170 [2] – *Vier Reden gegen Catilina*. Übersetzt von D. Klose, Nachwort von K. Büchner. 9399 [2] – *De officiis / Vom pflichtgemäßen Handeln*. Übersetzt, kommentiert und herausgegeben von Heinz Gunermann. 1889 [5] – *De oratore / Über den Redner*. Übersetzt, kommentiert und mit einer Einleitung herausgegeben von Harald Merklin. 6884 [8]

Horaz, *Ars Poetica / Die Dichtkunst*. Herausgegeben von E. Schäfer. 9421 – *Sermones / Satiren*. Herausgegeben von K. Büchner. 431 [3]

Lukrez, *De rerum natura / Welt aus Atomen*. Herausgegeben von K. Büchner. 4257 [8]

Phaedrus, *Liber Fabularum / Fabelbuch*. Übersetzt von Friedrich Fr. Rückert und Otto Schönberger. Herausgegeben und erläutert von Otto Schönberger. 1144 [3]

Quintilian, *Institutio oratoria X / Lehrbuch der Redekunst 10. Buch*. Herausgegeben von F. Loretto. 2956 [2]

Sallust, *Bellum Iugurthinum / Der Krieg mit Jugurtha*. Herausgegeben von K. Büchner. 948 [3] – *De coniuratione Catilinae / Die Verschwörung des Catilina*. Herausgegeben von K. Büchner. 9428 [2] – *Zwei politische Briefe an Caesar*. Herausgegeben von K. Büchner. 7436 – *Historiae / Zeitgeschichte*. Übersetzt und herausgegeben von Otto Leggewie. 9796

Seneca, *De clementia / Über die Güte*. Herausgegeben von K. Büchner. 8385 [2] – *Oedipus*. Herausgegeben von K. Heldmann. 9717 [2]

Tacitus, *Agricola*. Herausgegeben von R. Feger. 836 [2] – *Germania*. Herausgegeben von M. Fuhrmann. 9391 [2]

Terenz, *Andria*. Herausgegeben von T. Wullen. 9345 [2]

Philipp Reclam jun. Stuttgart